名师名校名校长

凝聚名师共识
圆定名师关怀
打造名师品牌
培育名师群体

　　　　　　程明造影

基于核心素养的高中物理教学设计

JIYU HEXIN SUYANG DE

GAOZHONG WULI JIAOXUE SHEJI

钟 路 华 琳 / 主编

东北师范大学出版社

长 春

图书在版编目（CIP）数据

基于核心素养的高中物理教学设计 / 钟路，华琳主编. — 长春：东北师范大学出版社，2022.10
ISBN 978-7-5681-9654-3

Ⅰ.①基… Ⅱ.①钟… ②华… Ⅲ.①中学物理课—教学设计—高中 Ⅳ.①G633.72

中国版本图书馆CIP数据核字（2022）第195791号

□责任编辑：石　斌　　　　　□封面设计：言之凿
□责任校对：刘彦妮　张小娅　□责任印制：许　冰

东北师范大学出版社出版发行

长春净月经济开发区金宝街 118 号（邮政编码：130117）

电话：0431-84568023

网址：http：// www.nenup.com

北京言之凿文化发展有限公司设计部制版

北京政采印刷服务有限公司印装

北京市中关村科技园区通州园金桥科技产业基地环科中路 17 号（邮编：101102）

2022年10月第1版　　2022年11月第1次印刷

幅面尺寸：170mm×240mm　印张：16.75　字数：271千

定价：58.00元

蔡支坤

　　教育学硕士，2017年毕业于华南师范大学，2021年荣获"中山市优秀教师"称号，曾获得中山市高中物理教师教学竞赛一等奖、广东省第三届青年教师教学能力大赛一等奖。

钟勇龙

　　1997年6月毕业于华南师范大学物理专业，饶平县教育局教师发展中心物理教研员，高中物理高级教师，曾获县、市高中组物理科现场教学大赛第一名；多篇论文获得潮州市一等奖；2018年5月被韩山师范学院聘为兼职副教授。2020年开始主持省"十三五"课题"饶平县农村基础教育信息化的发展问题研究"。

张建军

　　北京师范大学物理学硕士，高中物理高级教师，华南师范大学校外教育硕士生导师，中山市中心教研组成员，中山市教师发展中心外聘教师，中山市优秀教师，吴桂显奖教金优秀教师，全国中学生数理化能力大赛优秀指导教师，曾获广东省青年教师改革创新大赛一等奖、一师一优课国家部级优课奖、中山市物理教师教学竞赛一等奖，参加的课题获广东省教育成果二等奖。

张会芬

中学物理一级教师，毕业于西南师范大学（现为西南大学）。在教学上，力求精益求精，引导学生乐学、善学，教学效果优良，曾被评为"中山市优秀辅导教师""中山市学科先进教师"和"中山市优秀教师"等。平时积极参加教研活动，曾参与完成市级课题，制作的微课被评为中山市精品微课，在市论文评比和高考物理优秀模拟试题评比中荣获中山市一等奖。曾被推选为中山市三八红旗手候选人和中山市党代会代表候选人预备人选。

邱锦辉

广东省华琳名师工作室学员、中山市优秀教师、中山市骨干教师，入选中山市教师青年领军人才。获第六届全国青年教师物理改革创新大赛高中组一等奖。

荣 斌

中学物理教师、学科竞赛教练、广东省华琳名师工作室成员，所教学生中有数十人考入清华大学或北京大学，并多人次获得全中国中学生物理竞赛省赛区一、二等奖。

朱 茂

　　中山市骨干教师，曾获广东省教育技术能力创新竞赛一等奖、中山市物理教师教学大赛一等奖，所带班级获"中山市特色班集体"称号，获市微课大赛一等奖，主持精品课程获市一等奖，主持课题"基于DISLab的高中物理探究式教学的设计与应用研究"获市三等奖，主持的广东省"十三五"规划课题已开题。在国家核心期刊发表学术论文两篇。

张 黎

　　高中物理高级教师，中山市优秀教师，曾获中山市教师教学竞赛一等奖，中山市教师教学能力大赛一等奖，在《物理教学》《物理教学探讨》《物理通报》等期刊上发表多篇论文。

李中玉

　　高中物理高级教师。发表论文多篇，获市课题一等奖、教学比赛一等奖、微课比赛一等奖、市命题比赛一等奖，所制作的微课被评为市精品微课。2017—2018年广东省跨年度骨干教师培训优秀学员。

洪胜雄

　　1997年毕业于广东省汕头教育学院，潮州市潮安区凤塘中学物理组教研组长，中学物理一级教师，2005年在西南大学进修本科。潮州市物理骨干教师，潮安区科技创新辅导员。

段　红

　　2006年毕业于四川师范大学物理教育专业，广东省潮州市高级中学高中物理一级教师，广东省华琳名师工作室入室学员。教学风格严谨，语言简练、亲切，多次担任毕业班教学工作，深受学生喜爱。曾两次参与潮州市"十三五"课题研究，微课作品多次获市一等奖，发表、获奖论文数篇。

杨立楠

　　2002年毕业于哈尔滨师范大学，现工作于广东省中山市中山纪念中学，高中物理一级教师，多次被评为中山市优秀教师。在教育教学过程中，重视教学科研，注重学生综合素质的培养。

和晓东

　　毕业于华南师范大学，硕士研究生，高中物理一级教师，中山市优秀教师。善于进行实验教学，促进学生物理核心素养的提升，在省市举行的各类实验比赛中多次获奖。

编 委 会

作为有36年教龄，多届广东省、中山市名师工作室主持人，笔者观摩过国家、省、市各级教师大赛，听评过许许多多的物理课堂教学……深刻地领悟到教师的课堂教学水平直接影响学生的学习兴趣和教学效率。

一、编撰的意义

课堂是教学的主阵地，对于学生而言，课堂学习是其学校生活最基本的构成部分，教学设计直接影响学生当前及以后的多方面发展和成长。优秀的教学设计是课堂教学成功的核心竞争力……基于此，广东省华琳名师工作室主持人和骨干成员反复商议，决定编撰一本现代版的优秀教学设计案例，供落后地区的一线物理教师、教研人员借鉴，供初入职或者师范大学物理系准备入职的物理教师学习参考……

二、特色和亮点

教学设计既是一门科学，又是一种艺术。所谓科学，一是要求正确运用物理学科核心素养和物理教学原理，既切合教学的内在联系及其规律性，又反映物理知识的内在联系及其规律性，两者相辅相成；二是要求教学设计思维流程顺畅、清晰，富于条理。正确的思想和思维逻辑的有机结合便是物理教学设计科学性的基本内涵。本书以教学设计为载体，展现了笔者基于核心素养理念的高中物理课堂教学特色。所有的教学设计都来自广东省华琳名师工作室的骨干成员，他们中多人获得过国家级、省级或市级教学比赛一等奖，课堂教学能力出众，教学效果好，深得学生好评。这些教学设计都是他们经过多年积累选出的自己最满意的课，有些是参赛课，通过工作室反复商讨重新编撰。所有的课例都经过了真实课堂的检验，实操性十足。同时，这些设计中还有大量精彩的教学活动、新颖的实验设计、巧妙的难点突破，即使教学流程不同，也能直接引用一些课堂教学片段。

三、读者阅读建议

为了方便读者阅读，本书采编按现行教材章节力、电、热、光、原的顺序进行；同时，按教学内容将课堂分为概念类、规律类、实验探究类和习题类四个课型，共四章三十六节。为达成核心素养的目标，不同课型教学流程略有不同。我们力求同种类型的课采用统一的教学流程和格式，以方便读者学习和灵活应用。希望本书能够帮助读者更好地掌握教学流程设计的一般步骤，读者大可不必死套流程，毕竟最好的教学设计永远是动态的。

目录

第一章　基于核心素养的物理概念教学设计

第二章　基于核心素养的物理规律教学设计

第三章 基于核心素养的物理实验教学设计

第四章 基于核心素养的物理习题课教学设计

① 第一章

基于核心素养的
物理概念教学设计

第一节　自由落体运动

中山市第一中学　蔡支坤

【教材】

粤教版必修第一册第二章第四节。

【教学时间】

40分钟。

【教学对象】

高中一年级学生。

【教学内容分析】

1. 课标要求：通过实验，认识自由落体运动规律。结合物理学史的相关内容，认识物理实验与科学推理在物理学研究中的作用。

2. 教材地位和作用：生活中许多物体的运动都可以看作自由落体运动，教材把该部分内容放于本章最后，是想通过对自由落体这种常见的、特殊的运动的研究对整章知识进行复习与巩固，同时加强课本与实际生活的联系，并且今后要学习的抛体运动也需要以自由落体的相关知识为基础，因此本节内容在高中物理中具有重要的地位和作用，是本章知识的复习课，是培养学生核心素养的研究课，是联系生活的应用课，也是后面课程知识能力准备的基础课。

教材先从物理学史的角度分析，通过学生实验探讨影响物体下落快慢的因素；然后利用牛顿管演示实验和逻辑推理得出影响物体下落快慢的因素是空气阻力，从而得出自由落体运动的定义；接着利用频闪相机测量自由落体的加速度；最后根据匀变速直线运动的规律推导自由落体运动的速度公式和位移公式，并利用公式解决实际问题。

【教学目标】

基于 2017 年版高中物理课程标准中物理核心素养四个成分及其目标要求，确定本节课的教学目标如下：

1. 物理观念：知道自由落体运动的实质及特点，了解自由落体运动加速度的特点，掌握并运用自由落体运动的规律解决实际问题。

2. 科学思维：会将实际情况抽象成物理模型，确定自由落体运动的概念；会用归谬法反驳亚里士多德的结论；会评估并使用证据对自由落体运动进行描述、解释、预测和论证；会通过科学推理，形成自由落体运动的规律；具有批判性思维，能基于证据大胆质疑，追求科技创新；会用自由落体规律解释自然现象，解决实际问题。

3. 科学探究：能在不同情境中发现并提出可探究的物理问题，会合理猜测和假设；能正确设计并实施实验探究方案，使用各种科技手段和方法收集信息；会使用不同方法和手段分析、处理信息，描述、解释、归纳探究结果。

4. 科学态度与责任：认识科学本质，在理解科学、技术、社会、环境（STSE）关系的基础上逐渐形成对科学和技术应有的正确态度和责任感。通过伽利略对亚里士多德的反驳，建立不迷信权威，能基于证据和推理发表自己见解的科学态度。

【学习重难点】

1. 重点：利用伽利略研究方法的启发，确定实验方案，进行实验，逐步揭示自由落体运动的性质和规律；根据匀变速直线运动的规律推导出自由落体运动的速度规律和位移规律。

2. 难点：设计实验，理解伽利略研究自由落体运动的巧妙实验构思。

【学生"前概念"分析】

这一节要求学生在比较重的物体与轻的物体下落的快慢后得出影响物体下落快慢的因素，从而建立正确的自由落体运动概念。由于先入为主的生活观念根深蒂固，所以要用归谬法，即理论推导的一种重要方法，或用一些生动的物理实验或物理现象给学生以更强烈的刺激，形成鲜明的对比，即大脑中的原有概念与当前面临的现实产生无法调和的矛盾，说明原有观念的错误所在，使原有观念发生动摇，直至清除，对学生的抽象思维能力有较高要求，容易形成学习障碍。

【教学流程设计】

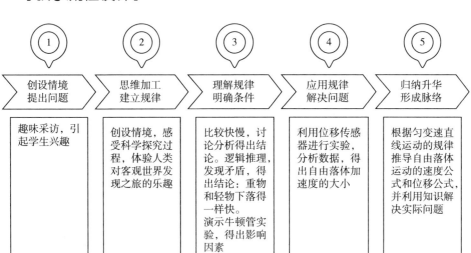

①	②	③	④	⑤
创设情境 提出问题	思维加工 建立规律	理解规律 明确条件	应用规律 解决问题	归纳升华 形成脉络
趣味采访，引起学生兴趣	创设情境，感受科学探究过程，体验人类对客观世界发现之旅的乐趣	比较快慢，讨论分析得出结论。逻辑推理，发现矛盾，得出结论：重物和轻物下落得一样快。 演示牛顿管实验，得出影响因素	利用位移传感器进行实验，分析数据，得出自由落体加速度的大小	根据匀变速直线运动的规律推导自由落体运动的速度公式和位移公式，并利用知识解决实际问题

【教学过程】

环节	教师活动	学生活动	设计意图
引入新课	介绍几种常见的落体运动，并提问。 问题1：重的物体下落快，还是轻的物体下落快？ 播放一段不同人群回答问题的视频。 问题2：重的物体一定比轻的物体下落快吗？	聆听、思考 回答：重的物体下落快。 一人参与，其余学生观察、思考、猜想	激发兴趣和求知欲（科学思维、科学探究）

环节	教师活动	学生活动	设计意图
概念学习	步骤一：分组探究"通过实验说明物体下落的快慢与其质量（或重力）没有关系"。 演示：展开的纸片和铁片下落。 问题1：铁片比纸片重，下落也比纸片快，是不是由此能得出重物体总比轻物体下落快呢？你能否用你桌上盒子里的实验器材得到其他结论？ 问题2：下落快慢与其他因素如材料、形状、体积等有关吗？下落快慢的差异可能是由什么因素造成的？ 阐明亚里士多德与伽利略的观点。 步骤二：演示实验——通过牛顿管实验说明没有空气阻力时，不同物体下落的快慢相同，得出定义。 演示：自制的长牛顿管，观察其中的铁片、纸片和羽毛的下落情况。慢镜头回放看得更清楚。 演示：将空气放入牛顿管，再观察铁片、羽毛在空气中的下落情况。 问题3：能得到什么结论？ 问题4：什么叫自由落体运动？ 板书——自由落体运动定义	思考、实验探究、交流、回答（怎么做的，观察到什么现象，得到什么结论）。 观察、思考。 观察、思考。 观察、思考。 回答：影响落体运动快慢的因素是空气阻力。没有空气阻力时，只在重力作用下，轻重不同的物体下落快慢相同。 看课本、掌握定义。 回答：空气阻力比重力小很多时，轻重不同的物体下落快慢相同	引起认知冲突，激发探究欲望，学习探究方法（科学思维、实验探究）。 借助物理学史，培养科学思维、科学态度与责任。 用实验验证猜想（实验探究）。 再次证明空气的影响（实验探究）。 突出要点，回扣主题（物理观念）。 将实际情况抽象成物理模型（物理观念、科学思维）
规律探究	介绍伽利略研究自由落体运动的思路，通过实验加逻辑推理的方法得到自由落体运动是匀加速直线运动。然后用位移传感器再次分别验证物体在斜面上和自由落体时，做的都是匀加速直线运动。 总结：自由落体运动是一种初速度为零的匀加速直线运动。在同一地点，一切物体自由下落的加速度都相同，方向总是竖直向下的，大小为 $9.8\ \text{m/s}^2$。自由落体运动的速度和位移公式分别为 $v_t = gt$，$s = \dfrac{1}{2}gt^2$	观察书上的图片，思考、交流并回答	研究运动规律（科学思维）

续 表

环节	教师活动	学生活动	设计意图
规律应用	展示：小游戏中器材背面，并重新放回刻度尺用以揭秘。 叙述：三次刻度尺分别长 15 cm、30 cm、30 cm，下端离出口的高度分别是 0 m、0 m、1.25 m，请计算尺子经过两手指间的时间。 提示：人的一般反应时间大于 0.1 s。 PPT 展示：是真的吗？这是一则楼宇公益广告——"一个鸡蛋的威力——禁止高空抛物。"请问：一个从 30 楼自由下落的鸡蛋，不计空气阻力时，落地速度多大？设楼层层高 3 m，成渝动车线长 318 km，动车运行 140 min，求其平均速率。两者比较，你有什么感悟？	学生分组计算，思考、计算并回答	回扣开头，学以致用（物理观念、科学思维）。 培养学生基本素质（科学态度与责任）
小结	知识小结：条件、性质、规律、应用。 方法小结：问题、猜想、探究、结论。 拓展作业：请采用三种方法测量四层教学楼的高度	总结、思考	开放作业更有利于进一步强化本节课的教学目标（科学思维、科学探究、科学态度与责任）

【教学总结】

1. 本设计体现了新课程的教学理念，整个设计贯串了基于学生已有知识自主建构知识这一主线，抓住了探究式学习的本质和核心，充分调动了学生学习的积极性和主动性。

2. 本设计思路清晰，在教学中首先利用趣味实验"抓尺游戏"等引入新课，巧妙设置悬念，引出问题；接着分组探究"物体下落快慢与什么因素有关"，引起学生对下落快慢的影响因素的思考，以及让学生通过自主实验获得结论，加深对知识的理解；再通过讨论和理论分析，掌握自由落体运动的概念与规律；最后回顾和解释前面游戏留下的问题，帮助学生厘清概念。

3. 在整个探究教学活动中，学生有着丰富的情感体验，他们积极开动脑筋，认真分析，不时地提出问题，通过亲自进行方案设计、寻找资料、动手实验、交流成果等活动，更好地培养了他们的自主学习、独立思考、综合分析、交流协作等能力，使得学科核心素养真正落地。

第二节　滑动摩擦力

饶平县第二中学　钟勇龙

【教材】

人教版必修第一册第三章第二节。

【教学时间】

40 分钟。

【教学对象】

高中一年级学生。

【教学内容分析】

1. 课标要求：认识摩擦力，知道滑动摩擦现象，滑动摩擦力的大小跟哪些因素有关；能够计算滑动摩擦力的大小，并能判断其方向。

2. 教材地位和作用：摩擦力是力学中的三大常见力之一，正确认识摩擦力的概念对后面知识的学习有着至关重要的作用。本节课的内容是在初中对摩擦力有定性认识的基础上进一步加强对摩擦力大小的认识，是把定性认识转化为定量认识，让学生在科学探究中形成物理观念，在交流讨论过程中，锻炼敢于创新、敢于质疑的科学思维。

在通过实验得出滑动摩擦力的有关知识后，引导学生运用所学的知识去分析、解释大量生产生活中的摩擦现象，落实课程"从生活走向物理，从物理走向社会"的理念。

【教学目标】

1. 物理观念：知道滑动摩擦力的定义、产生、方向；知道滑动摩擦力的大小跟哪些因素有关；能够计算滑动摩擦力的大小，并能判断其方向。

2. 科学思维：能够对问题提出有根据的猜想，并进行科学推理；在交流讨论过程中，敢于科学推理出不同的观点，质疑创新。

3. 科学探究：能设计探究滑动摩擦力的大小与哪些因素有关的实验，同时进行实验探究，搜集数据，并解释、交流、验证自己的猜想，归纳滑动摩擦力产生的条件及特点；用 Excel 应用软件处理实验数据，分析滑动摩擦力，提高物理实验科学探究的操作技能。

4. 科学态度与责任：通过参与实验探究、问题思考和游戏互动等主题活动，养成严谨、细致、耐心的实验素养，培养合作精神以及实事求是、尊重客观规律的科学态度。

【教学重难点】

1. 重点：在教师的指导下探究滑动摩擦力的大小。
2. 难点：课堂教学时间有限，如何引导学生进行科学、自主的实验探究。

【学生"前概念"分析】

部分学生认为摩擦力与运动方向相反；部分学生认为受滑动摩擦力作用的物体必然是滑动的；还有一些学生认为摩擦力的大小与相对运动速度有关，或摩擦力大小与接触面的面积有关。

【教学流程设计】

① 创设学习物理概念的情境	② 运用科学的思维方法建立物理概念	③ 选择具体问题运用物理概念
通过创设不同情境，引导学生回顾对摩擦力的定性认识、摩擦力的方向，再转化为探究影响滑动摩擦力大小的因素，进而形成对摩擦力的定量认识	在传统实验探究中，运用科学的思维方法探究影响滑动摩擦力大小的因素，较为完整地建立滑动摩擦力的概念	展示生活情境，通过问题引导学生用所学概念解释现象

【教学过程】

步骤	知识引线	教师行为	学生行为	目标达成
创设情境，引入新课	生活中的摩擦现象	视频展示：身边的摩擦现象。结合视频及预习回顾初中学习的摩擦力概念	观看视频：1. 获得感性认识，陶冶情操。2. 了解生活中的摩擦，产生深入探究的兴趣，回忆摩擦力的概念并回答问题	1. 使学生了解摩擦力在我们生活中的应用情况，培养热爱生活的思想感情。2. 激发学生的学习兴趣和求知欲，体现从生活走向物理的教学观念
探究影响滑动摩擦力大小的因素	影响滑动摩擦力大小的因素	本节探究重点：探究影响滑动摩擦力大小的因素		明确本节探究重点
		组织指导学生进行抽书活动：两个学生，一个用手掌在书上分别施加不同大小的压力，另一个将书抽出，体验有何不同感觉	1. 思考、猜想影响滑动摩擦力大小的可能因素并讨论交流。	1. 培养学生对物理现象和演示实验观察分析和从启示性演示实验中总结简单结论的能力，形成自己的物理观念并积极表达。

续 表

步骤	知识引线	教师行为	学生行为	目标达成
探究影响滑动摩擦力大小的因素	影响滑动摩擦力大小的因素		2. 各小组代表发表本组讨论结果，表述猜想	2. 培养学生合作的精神、敢于提出与别人不同见解的科学思维。 3. 培养学生物理思维习惯和发现物理规律的敏感性以及对物理现象的归纳总结、分析推理能力
		教师给出四个探究方案，引导学生思考采用哪个方案探究更合适 	讨论、交流摩擦力探究方案的合理性，并分析回答选取理由	培养学生分析比较、逻辑辨别的思维能力
	实验探究过程	1. 引导学生制订探究实验方案。在学生做实验的过程中，巡视各实验小组，帮助学生解决实验中遇到的问题，解答疑难，提供相关服务。 2. 物理方法——控制变量法的渗透，物理实验操作规范的指导。	1. 通过思考、交流和讨论、教师的点拨，制订正确的探究计划，制作记录表。 2. 分组合作进行探究实验，收集数据并进行科学分析处理。	1. 学习拟订简单的科学研究计划和实验方案，完成对知识的初步探究和理解。

步骤	知识引线	教师行为	学生行为	目标达成
	实验探究过程		3. 分析猜想假设与实验结果间的差异。 4. 注意探究活动中未解决的问题，发现新问题，吸取经验教训，改进探究方案	2. 培养学生从物理现象和实验探究中发现科学规律的习惯，使学生认识到实验、分析、论证在科学探究中的重要性，培养其实验探究能力。 3. 培养学生合作的精神、勇于放弃或修正自己错误观点的科学态度与责任
探究影响滑动摩擦力大小的因素	实验结果分析，总结规律，完成评价	1. 展示部分小组的实验数据，用 Excel 软件进行分析，引导学生得出实验结论：①选中一组压力、摩擦力的数据，单击"图表向导""xy 散点图"。完成后单击"添加趋势线"得到 $f-N$ 的关系图线——一条过原点的倾斜直线。②这说明了什么？③分析两组数据，得到直线斜率不同的原因。	1. 观察数据处理分析的过程和结果，思考教师提出的问题。通过思考、讨论、交流等形式理解直线斜率反映的物理意义，并积极表达本小组得出的结论。	1. 使学生了解对物理规律探究的科学流程和对实验数据的处理方法。 2. 会根据数据的分析形成结论，培养总结概括能力和科学思维能力。 3. 学习了解现代多媒体技术、软件工具等在物理学习中的应用。 4. 通过适当的激励评价使学生体验到成就感

测量实物	砝码数	压力 (N)	摩擦力 (N)	压力/摩擦力 (N)
木块	0	0	0	0
木块 +1 砝码	1			
木块 +2 砝码	2			
木块 +3 砝码	3			
木块 +4 砝码	4			

续 表

步骤	知识引线	教师行为	学生行为	目标达成
探究影响滑动摩擦力大小的因素	实验结果分析，总结规律，完成评价	2. 对学生进行学习过程和探究结果的评价。 3. 引导学生理解斜率的意义（动摩擦因数），师生共同得出 $f = \mu N$。 4. 展示不同材料接触面的动摩擦因数	2. 师生互动。师生共同分析、讨论实验结果，并进行评价，对其中不完善的部分提出改进建议。无论学生的猜想是否与实验的结论相符，都要对学生进行鼓励，肯定他们这种实事求是的探索精神，同时鼓励有兴趣的学生在课后继续探索滑动摩擦力的大小是否与其他因素有关	
重新展示课前引入的生活现象	生活中的摩擦现象	视频展示：身边的摩擦现象。	运用本节课的知识，解释视频中的滑动摩擦现象	1. 巩固本节课的学习内容。 2. 体现从生活走向物理的教学观念
作业及反思		1. 书面作业：教材 P63 第 1、4 题。 2. 在课后继续相关探索，扩展相关知识		

【教学总结】

本节课的内容是在初中对摩擦力有定性认识的基础上进一步加强对摩擦力大小的认知，即把定性认识转化为定量认识。在初中学生已经了解了摩擦力的概念以及影响摩擦力大小的因素，因此本节课并未过多地在这个方面进行探究，而是将重点放在探究滑动摩擦力与哪些因素有关方面，安排学生猜想、设计实

13

验、实验探究、合作交流等，让学生经历探讨滑动摩擦力与压力、接触面粗糙程度的关系的过程，使学生在科学探究中形成物理观念，在交流讨论的过程中，敢于创新，锻炼敢于质疑的科学思维。

同时，这节教材的内容与学生的生活实际及生产实际联系密切，在通过实验得出摩擦力的有关知识后，注重引导学生运用所学的知识去分析、解释大量生产生活中的摩擦现象，落实课程"从生活走向物理，从物理走向社会"的理念。

第三节　静摩擦力

中山市第一中学　蔡支坤

【教材】

粤教版必修第一册第三章第二节。

【教学时间】

40 分钟。

【教学对象】

高中一年级学生。

【教学内容分析】

1. 课标要求：知道静摩擦现象，调查生产生活中利用或尽量避免摩擦的实例。

2. 教材地位和作用：教材第三章围绕相互作用展开，了解了各种相互作用力，本节是在学习了重力、弹力和滑动摩擦力之后学习的又一相互作用力。静摩擦力在许多情形下似乎是"若有若无，方向不定"，与滑动摩擦力既有区别又有联系，重点在于明确静摩擦力产生的条件、大小、方向和作用点，并了解静摩擦力在社会生产生活中的实际应用。分析出物体受静摩擦力的大小和方向是后续进行力的合成、学习力与运动关系的重要基础之一。因此，本节在教材中、在力学板块中都起着重要的作用。

因此，在教学中，一方面要借助生活中的实例，开展各项活动，把不可观察的静摩擦力通过活动，让学生能直观感受到静摩擦力产生的条件、方向和作用效果；同时开展定性的探究活动，探究最大静摩擦力的大小和滑动摩擦力的大小的关系；最后联系生产生活实际，拓展静摩擦力的应用，激发学生学习物理的兴趣，让学生体会物理对改善社会生活所起的作用。

【教学目标】

基于 2017 年版高中物理课程标准中物理核心素养的四个成分及其目标要求，确定本节课的教学目标为：

1. 物理观念：①知道静摩擦力产生的条件，理解静摩擦力的概念；②会判断静摩擦力的方向，认识静摩擦力的大小可变范围：$0 < f_{\text{静}} \leqslant f_{\max}$；③知道最大静摩擦力。

2. 科学思维：经过科学推理，能对情境中的物体进行受力分析，并能得出静摩擦力有无、方向和大小。

3. 科学探究：①通过体验活动，感受和理解相对运动趋势；②通过探究实验，探究最大静摩擦力和滑动摩擦力、静摩擦力大小的不同。

4. 科学态度与责任：通过列举生活中的静摩擦力的应用，激发学生的好奇心，使其体会物理对改造社会生活所起的作用，以及科学知识的应用价值。

【学习重难点】

1. 重点：静摩擦力的方向和大小。
2. 难点：静摩擦力的方向。

【学生"前概念"分析】

1. 对静摩擦力的认识不到位，存在错误的"前概念"：只有静止的物体才会受到静摩擦力。

2. 对静摩擦力的方向与物体运动方向之间的关系认识不清，存在错误的"前概念"：静摩擦力的方向与物体运动方向相反。

3. 对最大静摩擦力的认知存在偏差，容易将其与静摩擦力或者其他力混淆。

【教学流程设计】

① 创设学习物理概念的情境	② 运用科学思维方法	③ 选择具体问题运用物理概念	④ 选择具体问题运用物理概念
通过趣味游戏"气球提物"、生活中的静摩擦力情景创设，定义静摩擦力。问题：什么情况下才会产生静摩擦力？	通过挑战活动"二指提水瓶"归纳总结产生 $f_{静}$ 的条件。问题1：瓶盖沾满水后还能提起来吗？问题2：提起瓶子时手的动作是什么？问题3：提起瓶子后的运动是什么？	活动：观察毛刷，总结静摩擦力效果。观察：手扶电梯的人，分析静摩擦力的方向。探究：运用传感器演示 $f_{静}$ 的大小	应用1：利用静摩擦力——电工爬杆。应用2：防止静摩擦力——ABS刹车系统。游戏互动：直尺拔河

【教学过程】

教学环节与内容	教师活动	学生活动	设计意图
（一）情境启思，导入新课 1. 趣味游戏：气球提物。 设置疑问——用一个气球如何提起盒子？引发学生的思考。教师吹起气球完成利用静摩擦力提起盒子的演示实验。 2. 定义静摩擦力。 给出静摩擦力的定义：发生在相对静止的两个物体间的摩擦力叫作静摩擦力。	问题：只用一个气球如何提起这一个盒子？——提问导入，完成演示。引出概念展示图片讲解知识	积极思考，回答问题；认真观察，产生认知。认真听讲，建构概念。观察联想，巩固概念	（1）利用一个气球提物的游戏，在课堂开始吸引学生的注意，并鼓励学生思考，调动了课堂氛围。 （2）打破了学生"要提起重物必须依靠拉力"的思维限制，让学生直接感受静摩擦力的作用。 将物理知识与生活实际联系起来，既拉近了物理与学生生活的距离，又使学生对概念进行了深入巩固

续 表

教学环节与内容	教师活动	学生活动	设计意图
3. 了解生活中存在的静摩擦力实例：商场里的手扶电梯、筷子夹起牛肉丸、手拧瓶盖			
（二）挑战活动，直观感悟 1. 挑战不可能。 用两个手指提起水瓶，提起来，坚持 10 秒。 2. 归纳总结产生静摩擦力的条件。 （1）接触面粗糙。 （2）相互接触并挤压。 （3）相对静止但有相对运动趋势。 静摩擦力的方向：与相对运动趋势相反，并与接触面相切	介绍活动。组织挑战。 问题 1：沾满水的瓶盖能提起来吗？ 问题 2：提起瓶子时手的动作是什么？ 问题 3：提起瓶子后的运动状态是什么？感觉瓶子运动的趋势是怎样的？ 问题 4：手给瓶子的静摩擦力方向应该向哪里？	积极参与，对问题认真思考，并归纳总结出静摩擦力产生的四个条件	（1）利用活动，让学生直观地感知到抽象内隐的静摩擦力，丰富学生的体验。 （2）利用问题的形式，对学生进行提问，将学生的主观感知与物理知识联系起来，进而让学生总结规律
（三）实验探究，突破难点 1. 利用毛刷开展探究。 台面对毛刷的摩擦力 直观地观察静摩擦力的方向和相对运动趋势的方向是相反的，并展示出静摩擦力的作用效果是阻碍相对运动的趋势。	发毛刷，组织学生开展小组活动，引导学生观察视频。 问题：当人乘坐手扶电梯匀速下行时，受到的摩擦力方向如何？匀速上行时又如何？发实验仪器，组织学生设计实验方案并实施探究。	开展小组活动，思考，积极回答问题。 开展探究活动，思考现象。 观察，积极思考。 讨论，交流，总结原理	静摩擦力的方向是本节的难点，使用毛刷，让学生直观地感知静摩擦力的方向是始终与相对运动趋势相反的，加深学生的理解。 针对弹簧测力计读数不准的缺点，改用力传感器测量静摩擦力的大小，实验数据清晰准确，计算机辅助作图高效地展现了静摩擦力的变化特点

教学环节与内容	教师活动	学生活动	设计意图
2. 观察手扶电梯上的人上行和下行的视频。 匀速上行 对静摩擦力的方向有更深入的认识。 3. 开展小组探究静摩擦力大小的实验。 用弹簧测力计、木块、钩码探究静摩擦力大小的规律。 4. 开展利用传感器演示静摩擦力大小的实验，并利用软件绘制图像，直接得出静摩擦力的大小范围以及最大静摩擦力与滑动摩擦力的关系：$0 < f_{静} \leqslant f_{max}$，$f_{max} > f_{滑}$。 5. 运用规律，讨论如何在挑战环节挑战成功。 使知识回归应用，挖掘在挑战活动中，挑战成功或失败的物理原理，利用最大静摩擦力的相关知识，得出挑战成功所需要的条件：接触面粗糙，手指给瓶盖的压力足够大	介绍实验装置，介绍实验原理。 开展实验，利用软件记录数据，讲解实验得到的 $F-t$ 图像中的信息。 引导学生思考和交流并进行演示		（1）学习完物理知识后，返回去解释学习知识前活动中的物理原理，使得教学有始有终，现象在一节课中能得到解释，符合学生的逻辑和教学的完整性。 （2）增强了学生用物理原理解释现象、提出问题的意识
（四）学以致用，拓展延伸。 通过视频的方式，介绍静摩擦力在生产实际中的应用。 应用 1：静摩擦力的利用——电工爬杆。	播放视频，讲解原理	拓展知识，得到丰富的认知	（1）在新知学习后，利用两个例子，讲解了静摩擦力在生产实际中的应用，落实了物理走向生活、走向生产、走向社会的核心素养要求。

续 表

教学环节与内容	教师活动	学生活动	设计意图
应用2：静摩擦力的防止——ABS刹车系统			（2）拓宽了学生的视野，丰富了学生的认知，提高了学生对物理学习的兴趣
（五）创新游戏，巩固新知 直尺拔河游戏：两个学生用两根手指分别夹住直尺两端，缓慢地向两边拉扯，是一种拔河比赛的新形式。 讲解游戏原理：拔河实际是利用了静摩擦力	发直尺，讲解游戏规则，开展小组活动	兴奋激动，乐在其中。 在乐趣中学习物理	（1）游戏具有竞赛性质，在课堂末尾使学生能够维持较大的注意力和活力，调动了学生的注意力。 （2）游戏中蕴含了本节课的物理原理，再次对知识进行了巩固

【教学总结】

1. 结合丰富的实例和应用，落实了课标要求，形成直观感知

课标对该课的要求为知道静摩擦现象，调查生产生活中利用或尽量避免摩擦的实例，除了学习静摩擦力的相关知识外，更突出静摩擦力的应用。本教学设计的知识构建学习和拓展巩固环节都运用了丰富且恰当的实例和应用，对课标的要求有切实的执行，并且使静摩擦力这种看似若有若无的力能够外显给学生，让学生通过直观感受和直接观察，得出规律；此外，还结合静摩擦力在高新技术和生产生活中的应用，拓宽了学生的视野，培养了学生的科学态度与责任意识。

2. 突出了对科学探究和科学推理素养的培养

本节课的设计突出体现了让学生主动开展探究，以问题为导向，以活动为形式，强调知识得出的证据，让学生在寻找证据、解释现象、交流讨论的环节中，感受探究的乐趣，构建科学的知识体系；同时让学生经历科学的推理过程，引导学生进行受力分析，去推理得出静摩擦力的有无、大小和方向。

3. 以学生为中心，教师起引导作用

本节课属于重要概念课，在概念得出的过程中，始终以学生为中心，强调学生的直观感受，教师在其中所起的作用只是组织活动、引导思考方向、总结学生得出的结论。学生始终处在整堂课学习的主体地位，活动由学生执行、思考由学生开展、知识由学生构建，有效地避免了概念课中容易出现的灌输式教学的弊端，调动了学生在课堂中的积极性，体现了新课程理念。

第四节　超重和失重

中山市第一中学　张建军

【教材】

粤教版必修第一册第四章第六节。

【教学时间】

40 分钟。

【教学对象】

高中一年级学生。

【教材内容分析】

1. 课标要求：认识超重和失重现象，知道产生超重、失重现象的条件，能够运用牛顿第二定律和牛顿第三定律分析超重和失重现象。

2. 地位和作用：牛顿运动定律是经典力学的基础，而本节内容是牛顿运动定律知识应用的一个典型的例子，有重要的意义，其重要性表现为：其一，此现象产生原因的分析要用到牛顿定律，这不仅有利于学生巩固对定律内容的理解，而且有助于培养学生分析问题的能力；其二，这是一个贴近日常生活的实际问题，学生熟悉，可亲身感受，可利用简单器材设计有趣的实验，激发学生的学习兴趣和探究热情，这对于调动学生主动学习的积极性有着极其重要的作用，是一个很好的学习资源；其三，超重和失重现象与航空航天技术紧密相关，对于开发空间技术有着极其重要的意义，让学生了解前沿科学，对于培养学生的想象力和创新思维具有重要作用。

【教学目标】

1. 物理观念：物理学是一门以实验为基础的自然科学，掌握实验操作能力和分析能力是物理学科素养的基本要求。通过对失重现象进行科学想象，培养学生的想象力，使学生的思路与眼界更加开阔，培养学生热爱科学的态度和科学探究精神。通过对超重与失重过程的研究，培养学生的实验能力以及与人合作交流的能力。引导、帮助学生归纳总结产生超重、失重现象的条件及实质，培养学生从材料中归纳概括、建构概念的能力。

2. 科学探究：参与体验科学探究过程，培养学生的实验操作能力和观察能力。

3. 科学思维：观察游戏现象，通过归纳、分析、演绎、实证等思维方式，揭示现象中存在的物理规律，发展学生的学科思维。

4. 科学态度与责任：让学生在探索与自学中获得成功的体验，享受成功的喜悦，体验科学探究的乐趣，激发自主学习、探究的热情和愿望。在物理教学中渗透辩证唯物主义和爱国主义教育，激发学生科技兴国的情感，培养学生的科学素养，努力使学生具有勤奋、合作、崇尚科学等优良品质。

【学习重难点】

1. 重点：什么是超重、失重及产生超重、失重现象的条件、实质。

2. 难点：产生超重和失重现象的条件，运用牛顿定律对超重和失重现象进行解释。

【学生"前概念"分析】

对于超重、失重学生有一定的感性和模糊的体会，但理解超重、失重的概念，对学生而言有一定的困难。学生往往认为超重或失重就是物体质量的增加（或减少）；另外，学生往往认为向上运动时就会超重，向下运动时就会失重，没有真正理解超重与失重的原因。因此本节课教学利用了实验和理论探究的方法，自主学习与小组合作学习的方式，让学生自己通过体验、分析、归纳、讨论、评价等得出结论，激发了学生的学习兴趣，培养了学生动手与合作的能力，让学生树立透过现象看本质的物理意识。

【教学流程设计】

创设情境 感知事物 提出问题	自主探究 合作交流 形成概念	总结反思 明确内涵 理解外延	解决问题 应用迁移 形成结构
通过拉书游戏，引导学生思考游戏中的悬念，带着问题和悬念进入探究过程	通过视频了解超重、失重，并通过实际操作感受身边的超重和失重，并分享感受	通过实际实验数据分析得出超重和失重产生的条件，并通过牛顿第二定律分析结果	学生分析拉书游戏的悬念，并体会生活中的超重和失重

【教学过程】

教学环节	教师活动	学生活动	设计意图
情境设计（概念引入）	小游戏：通过拉两本互相交叉在一起的书的游戏引入失重的概念：两本相互交叉在一起的书水平放置时，不易拉开，但是书在下落过程中却轻松拉开了。通过这个游戏来勾起学生对本节课内容的好奇心，从而能够顺利地把学生的注意力吸引到课堂上来。观看视频：播放欧洲航天局的科学家在飞机上体验超重和失重的感觉，提醒学生注意视频中科学家体验到的是什么感觉，闭上眼睛自己是否能体会到。提出问题：视频中科学家体会到什么感觉？	学生回答：飞机迅速爬升时科学家体验到的重力是平时的2倍，是通过和座椅间的挤压体验的，也就是说压力是平时的2倍；飞机关闭引擎迅速下落时科学家体会到自己和座椅间压力变小，甚至离开座椅了。学生体验感觉：书本迅速托起时对手的压力变大，迅速下放时压力变小；迅速上提弹簧使其变得修长，主要是因为钩码对弹簧的拉力变大了。	首先通过小游戏引起学生对本节课的新鲜感，为后面的内容做好铺垫。通过视频让学生了解在超重过程和失重过程中感觉到的现象，初步了解压力在变化。通过现场体验让学生真实地体会到超重和失重是物体对支持物或者悬挂物作用力的变化，为超重和失重概念的提出提供基础

24

续 表

教学环节	教师活动	学生活动	设计意图
情境设计（概念引入）	现场体验超重、失重：引导学生把书本迅速托起，迅速放下，在托起和放下短暂的时间里体会手中的压力如何变化；引导学生回答如何将挂有钩码的软弹簧变得修长。 提问：这个过程中重力变了吗？什么力在变？ 总结超重和失重的概念	学生回答：这个过程中重力没有变，变的是压力和拉力	
探究超重、失重的产生条件	在第一个环节中我们提出了超重和失重的概念，学生也得到了现实的体验，在这个过程中学生肯定会有疑问：为什么会出现这种现象？在什么情况下出现？此时，教师可以提问学生在日常生活中哪里可以体会到超重和失重现象。一般情况下学生都会想到在电梯里可以体会到。 提问：日常生活中我们在哪里可以体会到超重和失重呢？你试过在电梯中称量体重吗？电梯中的体重计读数会欺骗我们吗？ 视重和实重：通过图片对学生强调，测力计的读数就是视重，物体的真实重力叫实重；通过对其中一幅图片中的受力分析，运用牛顿第三定律，让学生知道，测力计实际上测到的是拉力或者压力。 提问：物体的视重和实重在什么情况下相等？ 电梯中的超重失重：通过播放电梯中称体重的视频，让学生记录在电梯上升和下降各阶段中，台秤示数。通过视重和实重的对比，让学生找出哪些过程中出现了超重，哪些过程中出现了失重。找出超失重以后，让学生标出各阶段的速度和加速度方向。	学生回答：日常生活中在电梯里能够体会到超重和失重。在电梯里称量体重，我想读数会欺骗我们。 学生回答：只有在静止或者匀速直线运动状态下，视重和实重才是相等的。 学生完成相应的表格： （表格：过程、楼层、运动形式、视重/kg、速度方向、加速度方向/（m/s²）、状态。上升：1层静止；1～2层加速上升；2～4层匀速上升；4～5层减速上升。下降：5层静止；5～4层加速下降；4～2层匀速下降；2～1层减速下降。）	在第一个环节中我们提出了超重和失重的概念，学生也得到了现实的体验，对于产生超重和失重的条件学生还是很陌生。电梯是学生日常生活中最常见的承载工具，非常熟悉，但是在电梯中基本上没有人称过体重。通过电梯中称体重这个常见的例子能够很好地让学生参与进来，和老师一起分析在什么条件下会出现超重和失重现象

续 表

教学环节	教师活动	学生活动	设计意图
探究超重、失重的产生条件	提问：在哪些阶段出现了超重和失重？超重和失重只在上升或者下降过程中出现吗？它们和速度方向有关吗？它们和加速度方向有关吗？	学生回答：在加速上升和减速下降阶段出现了超重现象，在减速上升和加速下降阶段出现了失重现象。超重、失重和速度方向无关，和加速度方向有关。学生归纳产生超失重的条件：当物体具有向上的加速度时，处于超重状态；当物体具有向下的加速度时，处于失重状态	
通过牛顿第二定律解释超重、失重	$F_合=mg$ $N-mg=ma$ $N=ma+mg$ $F_合=ma$ $mg-N=ma$ $N=mg-ma$ 在电梯上升过程中选取加速上升阶段（超重）、减速上升阶段（失重）进行受力分析，运用牛顿第二定律和牛顿第三定律相关知识，分析在超重阶段物体对支持物的压力大于重力，在失重阶段物体对支持物的压力小于物体受到的重力。	学生回答：物体加速上升时，加速度方向向上，合外力由支持力减重力得到，得到的支持力大于重力，由牛顿第三定律可知压力等于支持力，压力大于重力。理物体在减速上升时，加速度方向向下，合外力由重力减支持力得到，此时计算得到的支持力小于重力，由牛顿第三定律得到压力小于重力。 学生回答：通过计算得到当电梯自由下落时，人对台秤的压力等于零。	从牛顿第二定律的角度给出超重和失重的解释，让学生熟悉牛顿第二定律，同时认识到，超重和失重是牛顿第二定律的一个具体应用。在解释超重、失重后，顺势提出在电梯自由落体时人对台秤的压力是多少？这个问题，从而引入完全失重的概念。最后通过太空中完全失重的视频，为学生提供一个了解相关问题的平台，使学生了解到本节课在航天科技领域中的应用

续　表

教学环节	教师活动	学生活动	设计意图
通过牛顿第二定律解释超重、失重	提问：物体加速上升时所受到的合外力方向指向哪里？合外力的形式是什么？减速上升时情况又如何？ 提问：如果电梯由于某种原因自由下落，那么人对台秤的压力将变为多少？ 完全失重的具体状态：自由落体运动，外太空中的情境。 学生观看视频了解完全失重环境下的一些奇特情境。 学生小实验：将中间吊有钩码的钢制直尺由静止释放，观察钢尺的形变发生了什么变化	学生回答：钢尺的形变恢复，因为静止释放，钢尺在下落的过程中处于完全失重状态，悬挂的砝码对钢尺的压力变为零，所以钢尺的形变会完全恢复	
归纳总结	通过PPT展示本节课的重点： （1）超重和失重的概念。 （2）超重和失重产生的条件和判断方法。 （3）超重和失重的解释。 （4）安全失重的概念。 （5）超重和失重的应用	学生回答：超重和失重的概念及视重大于实重为超重，视重小于实重为失重。 学生回答：判断超重、失重要看加速度，物体具有向上的加速度即为超重，具有向下的加速度为失重，和速度方向无关。 学生回答：完全失重	

【教学总结】

超重和失重既是物理现象，也是物理概念。通过教学，学生一方面要知道什么是超重和失重，能认识生活中的超重和失重现象；另一方面，学生要能解释产生超重和失重的成因，并能准确理解超重和失重的实质。这是本节教学的重难点。在以往的教学中，教师以讲授为主，以演示实验与例题示范为辅的教学模式，学生当时能接受，但时间一长，对知识的遗忘现象很严重，知识没有得到迁移和升华。本节课的教学让学生主动参与物理概念建构过程，充分调动学生学习的积极性，让学生体验超重失重观念的形成。硬弹簧的设计能够克服软弹簧上下振动的缺陷，能更直观地看到实验现象，能培养学生思考问题、解决问题的科学思维；课中引导学生走进电梯去体会超重、失重，并启发学生解释实验现象产生的原因，总结实验结论，鼓励学生自己将实验结论抽象为概念，这个环节能够引导学生走进生活，观察总结，培养学生关注生活细节的习惯、探究规律本质的能力，培养学生实事求是的科学态度，引起学生的学习兴趣。对于完全失重的引入、解释、钢尺演示体会，教师充分引导学生发现物理规律的纵向衍生，把完全失重状态带到课堂，让学生想象和体会，化无形于有形，化抽象为具象，可触可摸。尤其是太空中的完全失重，联系到国家这两年的航天科技发展，联系到太空授课，能很好地培养学生的科学态度与责任感，培养学生追求卓越、热爱科学、热爱祖国的情感。

第五节　电场　电场强度

中山市桂山中学　张会芬

【教材】

人教版选修 3 - 1 第一章第三节。

【教学时间】

40 分钟。

【教学对象】

高中二年级学生。

【教学内容分析】

1. 课标要求：知道电场是一种物质，了解电场强度，体会用物理量之比定义新物理量的方法，会用电场线描述电场。

2. 教材地位和作用：本节在《认识静电》和《探究静电力》之后，使学生在初中基础之上，进一步了解静电现象，逐步从表象过渡到本质、从感性上升到理性，主要使学生建立"电场"这一科学物理概念，从力的角度定量研究电场，用电场线形象描述电场（含五种常见的电场线）。物理概念的建立是研究物理规律的前提，是物理学的重要基石。本课运用比值定义法定义电场强度，引导学生建立物理模型"电场线"。这些常用的物理方法在后续磁场等重要内容的学习中也常常用到。总之，这一节对选修 3 - 1 的第一章《静电场》、第三章《磁场》的学习有着至关重要的作用。

3. 教材处理：教材用以下三个三级主题展开：①电场；②电场的描述；③怎样"看见"电场。内容上由浅入深、层层递进。由于本节内容较多，对学生的思维要求较高，我将"电场"和"电场的描述"合为一课时，"怎样看见电场"和"电场力"合为一课时。这样安排可以让学生在课堂上有充足的时间进行概念构建，体会比值定义法这一重要的物理方法。

【教学目标】

1. 物理观念：通过创设情境，运用"具体—抽象—概括"的思维方式，让学生知道电场是一种物质，引导学生了解场的物质性，培养学生的物质观念。

2. 科学思维：①让学生了解应用物理量之比定义新物理量的方法，了解电场强度的含义并体会其定义方法，能用电场强度描述电场的性质；②通过小游戏，把抽象问题形象化，引导学生深刻体会电场强度的方向，为后续物理模型"电场线"的学习奠定坚实的基础。

3. 科学探究：通过演示实验、科学推理相结合的方式，探究电场的强弱和方向。

4. 科学态度与责任：通过视频播放，让学生切实感受到物理学在生活中的应用，体会到科技的力量，激发学生"强国有我"的内驱力。

【学习重难点】

1. 重点：从力学角度研究电场的性质，理解电场强度的含义并体会其定义方法。

2. 难点：让学生知道电场是一种物质，了解场的物质性。

【学生"前概念"分析】

1. 在初中，学生已进行了相关内容的学习，对静电现象已有初步了解。

2. 在生活经验方面，高二学生已具备关于静电现象的感性认识，已逐渐从感性思维过渡到理性思维。

3. 对看不见、摸不着的电场进行概念构建，对学生而言过于抽象，难度较大。教学中教师需要搭建脚手架，从具体渐变到抽象，以便于学生接受。

4. 学生初中虽已接触过密度、电阻等物理量的定义方法，但在把比值定义法迁移到电场的研究中时，学生普遍难以接受，需要教师在教学过程中加以适当引导。

5. 学生初中已学过磁感线，在进行"场强叠加"的学习后，建立"电场线"的物理模型基本水到渠成。

【教学流程设计】

创设情境 感知事物 提出问题	自主探究 合作交流 形成概念	总结反思 明确内涵 理解外延	解决问题 应用迁移 形成结构
通过远程点亮日光灯视频引入新课。提出问题：日光灯没有接在电路中，与外界是断开的，为什么会被点亮呢？	通过学生活动，构建场的概念；通过演示实验，引导学生合理猜想，再从感性到理性、从定性到定量构建电场强度的概念及其定义方法	开放设问，引导学生自主找寻电场在生活中的应用。运用矢量叠加，弄清电场中某点的强弱和方向，再衍生到电场中每一点的电场强弱和方向的形象描述	设置游戏环节，寓教于乐，增强了学生的体验，降低了电场的抽象感，在提升学生学习兴趣的同时，加深了学生对电场的理解

【教学过程】

教学环节	教师活动	学生活动	设计意图
视频引入新课	神奇魔力：远程点亮日光灯（视频）。 引入新课：日光灯没有接在电路中，与外界是断开的，为什么会被点亮呢？	观看视频	引发学生强烈的好奇心，激发学生的求知欲，引入新课

续 表

教学环节	教师活动	学生活动	设计意图
提出问题:电场是什么?电场有什么特性?	协助学生完成活动①②③,在活动②中提供足够长的绳子	①甲、乙两同学相距10cm,请甲把乙拉过去; ②甲、乙两人相距2m,请甲想办法把乙拉过去; ③甲、乙两人相距2m,不借助任何工具,请甲把乙拉过去	通过学生活动和演示实验,让物体之间发生相互作用的媒介不断演变,即手—变式的手"绳"—无形的手"磁场"—无形的手"电场",让学生原生知识"磁场"再现,再类比磁场,引导学生顺利构建电场这一科学概念
	实验一: 没借助任何工具,甲磁铁为何会把乙磁铁吸过去? 结论:磁场(看成无形之手)是一种看不见、摸不着的媒介	思考:电荷 A、B 之间是真空,为什么 A 能给 B 吸引力? 结论:电场(看成无形之绳)是一种看不见、摸不着的真实存在的特殊物质	
	通过把"场"形象化,引导学生解释异种电荷相互吸引的现象	用场的观点来说明电荷 A 和 B 间的相互作用。 	让学生体会: 1. 将抽象的电场形象化,帮助学生体会场的真实存在,更加清楚谁的电场对谁有力的作用。 2. 引出电场性质:电场对放入其中的电荷有力的作用
进一步提出问题:怎样研究电场?电场的强弱和方向如何?	引导学生从电场的基本性质着手,首先需要有一个确定的电场,再往其中放入电荷才能去研究它。	得出场源电荷和试探电荷的定义,并明确试探电荷是一种理想模型。 	让学生明确: 1. 要研究某一事物,就必须从该事物的基本性质或基本特征着手。 2. 研究问题时,要抓主要因素,忽略次要因素。

教学环节	教师活动	学生活动	设计意图
	实验二（定性研究电场）：同一试探电荷在位置 A、B 两点，偏转的情况不同。 位置A 位置B 场源电荷 F_A F_B 试探电荷 同一试探电荷在不同位置 A、B 两点，偏转的方向不同	猜想： 电荷周围的电场有强有弱，有方向	通过演示实验，让学生根据真实情境提出合理猜想，逐步形成科学探究中的证据意识，掌握科学探究的方法
进一步提出问题：怎样研究电场？电场的强弱和方向如何？	探究电场的强弱（定量研究电场）： 在场源电荷 $+Q = 2 \times 10^{-8}$ C 产生的电场中有两点 A、B（$r_A = 0.1$ m，$r_B = 0.3$ m），现在 A、B 处分别放不同的试探电荷，分别计算试探电荷所受电场力的大小。（$k = 9 \times 10^9$ N·m²/C²，电荷均视为点电荷）	1. 运用库仑定律，完成下表：	1. 从定性到定量、从猜想到理论验证，让学生体会科学探究的思维过程。 2. 根据"最近发展区"理论，根据学生实际，设置合适梯度的问题串，让学生在逐一解决问题的过程中渐渐靠近问题本质，从而构建电场强度这一概念，并能透彻理解概念内涵，体会其定义方法。 3. 比值定义法是一种重要的物理方法，如密度、电阻、电容、电场强度、磁感应强度、电势、电势差等物理量的定义都用到了此方法。结合初中学过的密度等物理量的定义式，可以让学生更深刻地体会这一方法。

位置 A（r_A）

电量 q_A（C）	电场力 F_A（N）
$+1 \times 10^{-12}$	1.8×10^{-8}
$+2 \times 10^{-12}$	3.6×10^{-8}
$+3 \times 10^{-12}$	5.4×10^{-8}

位置 B（r_B）

电量 q_B（C）	电场力 F_B（N）
$+1 \times 10^{-12}$	2×10^{-9}
$+2 \times 10^{-11}$	2×10^{-8}
$+3 \times 10^{-10}$	2×10^{-7}

位置 A（r_A）

电量 q_A（C）	电场力 F_A（N）
$+1 \times 10^{-12}$	
$+2 \times 10^{-12}$	
$+3 \times 10^{-12}$	

教学环节	教师活动	学生活动	设计意图
进一步提出问题：怎样研究电场？电场的强弱和方向如何？	（见下方内容）	（见下方内容）	

教师活动栏：

位置 B（r_B）	
电量 q_B（C）	电场力 F_B（N）
$+1 \times 10^{-12}$	
$+2 \times 10^{-11}$	
$+3 \times 10^{-10}$	

问题1：在 A、B 处放相同的试探电荷，所受的电场力不同，说明什么？

问题2：能否说试探电荷所受的电场力越大，该点电场就越强？

问题3：不同的试探电荷放在同一点有什么量是不变的？引入什么来描述电场的强弱？

问题4：根据 $E = F/q$ 得，E 与 F 成正比，与 q 成反比，对吗？

问题5：把 q_A 换成负电荷，比值 $E = F/q$ 变吗？把 q_A 拿走，比值 $E = F/q$（A 点电场强弱）变吗？

问题6：初中哪些物理量用到了类似的定义方法（比值定义法）？

探究电场的方向：

学生活动栏：

2. 分析表中数据，分组讨论问题2和问题3。

位置 A（r_A）	
电量 q_A（C）	电场力 F_A（N）
$+1 \times 10^{-12}$	1.8×10^{-8}
$+2 \times 10^{-12}$	3.6×10^{-8}
$+3 \times 10^{-12}$	5.4×10^{-8}

位置 B（r_B）	
电量 q_B（C）	电场力 F_B（N）
$+1 \times 10^{-12}$	2×10^{-9}
$+2 \times 10^{-11}$	2×10^{-8}
$+3 \times 10^{-10}$	2×10^{-7}

$q \longrightarrow F$

$2q \longrightarrow 2F$

$3q \longrightarrow 3F$

小游戏：

一个学生为场源电荷，其余学生用右手示意场强方向。

续 表

教学环节	教师活动	学生活动	设计意图
进一步提出问题：怎样研究电场？电场的强弱和方向如何？	规定：场强 E 的方向就是正电荷在该点所受电场力的方向。说明：E 的方向与试探电荷 q 无关，由场源电荷 Q 决定	某同学为场源电荷 $-Q$： 万箭穿心 某同学为场源电荷 $+Q$： 光芒四射 讨论与交流：如果有 2 个场源电荷 $+Q$ 和 $-Q$，图中某点的场强方向是怎样的？大小是多少？	4. 本着"做中学"的教学理念，设置了游戏环节，寓教于乐，增强了学生的体验感，降低了电场的抽象感，在提升学生学习兴趣的同时，加深了学生对电场的理解
课堂小结和开放性设问	课堂小结 基本知识点 电场→客观、特殊 电场的强弱 $E=E/q$（任何电场） $E=kQ/r^2$（点电荷电场） 电场的方向 E 的方向→正电荷在该点所受电场力的方向 基本方法（思想）试探电荷（理想模型）比值定义法：$E=E/q$ 矢量叠加：满足平行四边形定则	课后思考： 1. 在生活中，电场还有哪些应用？ 2. 电场中每一个点的场强大小和方向都可以用矢量叠加精准分析出来，但耗时耗力且十分抽象，有什么办法可以形象地描述电场的强弱和方向呢？	1. 梳理课堂内容，有助于学生厘清本节课的知识脉络和基本方法。 2. 开放性设问，可进一步激发学生的探索欲和求知欲，有助于学生从更广更深的角度自主构建全面系统的知识结构。 3. 体会物理学在生活中的应用，感受科学的奇妙和魅力

【教学总结】

学生虽然对电场早在初中时就有初步认识，但在进一步深入研究电场这种无形物质时，依旧感觉抽象、难以掌握。为了尽可能让学生对电场有直观感受，本节课以物理实验为基础，通过创设情境、小游戏等方式把抽象问题形象化，在学生的"最近发展区"设置问题链，引导学生进行科学推理，逐步构建电场强度的概念，挖掘概念的内涵和外延，同时渗透物理方法"比值定义法"和"平行四边形定则"。本节课不仅让学生从力的角度了解电场，也为后续进一步学习电场和磁场奠定了基础，更为重要的是让学生体会到研究类似问题的方法。

第六节　电势能与电势（第一课时）

中山市第一中学　邱锦辉

【教材】

粤教版选修 3－1 第一章第四节。

【教学时间】

40 分钟。

【教学对象】

高中二年级学生。

【教学内容分析】

1. 课标要求：在电势能概念建构的过程中，建立电场的能量观以及功能关系。在电势概念的建构过程中，体会比值法定义物理量的科学思维过程。

2. 教材地位和作用：电势能和电势是电磁学开篇章节静电场中的重要内容，开始将能量纳入电场。同时本节课是在学生已了解静电场、电场强度、电场线，并能运用库仑定律求解电场力、用电场强度的定义式计算电场强度的基础上，讲解静电场力做功的特点，并由此引入电势能、电势、等势面等概念。对它的学习是对以前能量知识的升华和巩固，同时对以后电势差的学习有着深远的影响。

【教学目标】

1. 物理观念：知道静电场中的电荷具有电势能，能用电势能、电势等物理量描述电场的性质，能用电势能分析电学中的能量转换问题，建立电场的物质观和能量观。

2. 科学思维：能通过类比重力场，建立电场力做功与电势能的概念。理解比值法定义物理量的科学思维过程，能用物理量之比定义电势，进一步了解用物理量之比定义新物理量的方法。

【学习重难点】

1. 重点：理解掌握电势能、电势的概念及意义。
2. 难点：掌握电势能与做功的关系，并能用此解决相关问题。

【学生"前概念"分析】

1. 学生具备一定的学习基础：掌握了能的概念、功能关系、电场力做功。
2. 学生对重力场认识不够深刻，难以迁移到电场中，类比构建电势和电势能依然是比较困难的过程。
3. 教材概念性强，特别抽象。

【教学流程设计】

创设情境 感知事物 提出问题	自主探究 合作交流 形成概念	总结反思 明确内涵 理解外延	解决问题 应用迁移 形成结构
创设学生熟悉的重力做功情境，重温重力势能的知识建构过程，类比电荷在电场情境中，提出问题引发思考	学生通过类比重力场，进行自主探究、讨论、交流，进而建立电势能的概念以及电势能和电场力做功的关系，建立电场的能量观以及功能关系。学生通过分析、讨论，应用比值定义法定义电势的概念，体会比值法定义电场力的概念	总结电场力中的功能关系，建立电场中的能量观。明确电势能、电势的内涵和外延	应用电势能、电势、电场力做功的规律分析解决问题，促进知识的自我建构和生成

【教学过程】

活动	教师活动	学生活动	设计意图
创设学习电势能概念的情境	情境1：重力势能概念的建立。 1. 什么是重力势能？ 物体被举高而具有的能量。 2. 为什么被举高的物体具有能量？ 能对外做功。 3. 如何衡量重力势能的大小？ 可以用做功来衡量物体能量的大小。 情境2：把电荷放入常见的点电荷电场或者匀强电场电荷会获得能量吗？ 匀强电场	观察、思考回答教师提出的问题	学生已经定性学习过重力场的相关知识，这里可以通过将电场类比为重力场，进而初步获得对应的概念
自主探究，合作交流，建立电势能的概念（一）	1. 类比重力势能获得电势能的概念。 教师引导学生类比迁移，思考什么是电势能，为什么带电体在电场中具备能量，怎么衡量电势能的大小。 电荷在电场中可以做功，因而具备能量（电势能），可以用电荷做功的本领来衡量它的能量大小。 电势能 E_p：电场中的电荷所具有的与位置有关的能量。 2. 与重力做功类比，引出结论：在任何电场中，静电力移动电荷所做的功都只与始末两点的位置有关，而与电荷的运动路径无关。	学生尝试通过类比归纳电势能的概念。 思考、交流后，用语言较为准确地回答教师提出的问题	通过类比建构电势能的概念，建立电场中的能量观

活动	教师活动	学生活动	设计意图
自主探究，合作交流，建立电势能的概念（一）	 倾斜直线 曲线 电场力做正功，电势能减少；电场力做负功，电势能增加		
总结反思，应用迁移（一）	问题 1：在 $E = 1000\text{N/C}$ 的匀强电场中，将点电荷 $q = 1\text{C}$ 从 A 移动到 B，AB 间距 1m，电场力做了多少功？电势能如何变化？ 问题 2：如何确定电荷 q 在 A 点的电势能？ $W_{AB} = E_{pA} - E_{pB}$ 若 $E_{pB} = 0$，则 $E_{pA} = W_A - 0$。 电荷在某点的电势能等于静电力把它从该点移动到零势能位置所做的功。 问题 3：电势能有正、负吗？其物理意义是什么？ 电势能是标量，但有正负。电势能的正负反映相对零点的大小	学生通过计算明确电场中功能的定量关系。学生通过科学推理、论证获得某点电势能的计算表达式。学生回答问题	运用概念解决问题，深化对概念的理解，促进概念的深度建构
自主探究，合作交流，建立电势能的概念（二）	1. 问题：选取哪个物理量可以很好地反映电场能量的性质？ 电势能可以唯一描述电场能量性质吗？ 2. 比值法引入新的物理量（类比 E 的定义）	思考、分析，回答教师提出的问题	应用比值定义法定义电势的概念，体会用比值法定义物理量的科学思维过程

活动	教师活动	学生活动	设计意图
自主探究，合作交流，建立电势能的概念（二）	例：电场强度概念（比值定义法）。 比较　创设不同试探电荷位于静电场中不同位置的情境，学生比较试探电荷所受静电力大小与电荷量的关系 概括　概括静电力与电荷量成正比的特点 抽象　抽象出静电力与试探电荷无关的特征，明确这个特征可以用来描述电场的属性 比值定义法就是用两个或者两个以上物理量的比值去定义一个物理量的方法。比值定义法的基础是比较，本质是寻找统一的比较标准。 $$\varphi_A = \frac{E_{pA}}{q} = \frac{W_{A \to 0}}{q}$$ 3. 电势的相对性（正负的物理意义以及零点的选取）		
总结反思，应用迁移（二）	问题1：如何比较电势的高低？ A　　　B　　　E $$\varphi = \frac{E_p}{q}$$ <table><tr><td colspan="3">电荷由 A 点运动的 B 点</td></tr><tr><td>项目</td><td>正电荷</td><td>负电荷</td></tr><tr><td>电场力做功</td><td>正功</td><td>负功</td></tr><tr><td>电势能变化</td><td>减少</td><td>增加</td></tr><tr><td>电势变化</td><td>降低</td><td>降低</td></tr></table> 沿电场线（场强）方向电势逐渐降低。	思考、分析，回答教师提出的问题。	运用概念解决问题，深化对概念的理解，促进概念的深度建构

续 表

活动	教师活动	学生活动	设计意图
总结反思，应用迁移（二）	问题2：电荷的电势能与电势的关系。 $\varphi_A > \varphi_B$ 电荷由 A 点运动的 B 点 | 项目	正电荷	负电荷
电场力做功	正功	负功
电势能变化	减少	增加 | $+q$ 在电势高的地方，电势能大；$-q$ 相反。		

【教学总结】

电势能和电势是电场中比较抽象和难以理解的两个概念，学生往往不能掌握。本节课教学过程中切忌反复强调概念的表达式和物理意义。本节课教学真正应该强调的是两个概念建构的过程而非概念的最终表述或者结论；要透过电势和电势能的学习，让学生掌握比值法定义物理量的科学思维过程，形成电场的物质观和能量观；同时对于抽象的电场，让学生善于应用类比的方法促进抽象概念的理解；引导学生经历物理概念的建构过程，体会物理概念建构的思维方法，理解其适用条件，能通过它们来解决实际问题。

第七节　电容器和电容（1）

中山市第一中学　荣　斌

【教材】

人教版选修 3 – 1 第一章第八节。

【教学时间】

40 分钟。

【教学对象】

高中二年级学生。

【教学内容分析】

1. 课标要求：观察常见电容器结构，了解电容器的电容，举例说明电容器在技术中的应用。

2. 教材地位和作用：电容器是电学三大常见电子元器件之一，在日常生活中的应用非常广泛，但学生很少直接认识电容器，头脑中基本没有关于电容器的概念。本节课通过科学建模的方法将抽象的物理概念与实验现象相结合，将理论与实际相联系，帮助学生建立电容器和电容的概念模型。

【教学目标】

1. 知道电容器的基本结构，认识常见电容器，举例说明电容器的应用。

2. 观察电容器的充放电过程，了解电容器的科学本质。

3. 用比值定义法定义电容，理解电容的物理意义。

4. 经历探究影响电容大小的因素的过程，尝试用科学探究的方法研究物理问题，培养学生参与科学探究活动的热情和实事求是的科学态度。

【学习重难点】

1. 重点：电容器的结构，电容的概念、公式及单位。

2. 难点：电容器充电和放电过程的分析。

【学情分析】

《电容器的电容》对于高二学生来说是全新的学习内容，虽然个别学生平时有所接触，但对其中的知识还是相当陌生。其实日常所见电器中就含有电容器，如闪光灯、充电器、电路板等，通过列举日常生活中的例子，学生就会明白其作用巨大，就会有比较大的兴趣来学习。因此，本课的教学应该拓展内容，让学生多观察思考、多体验，形成物理观念，揭示科学本质。

【教学流程设计】

① 创设情境 感知事物 提出问题	② 自主探究 合作交流 形成概念	③ 总结反思 明确内涵 理解外延	④ 解决问题 应用迁移 形成结构
通过创设不同情境，引导学生对电容器及其结构产生感性认识	通过实验，用科学的思维方法了解电容器的充放电过程，在数字化实验系统辅助的真实情境中，认识电容的比值法定义	引导学生对电容器储存电荷特性提出质疑，猜测可能的影响因素，设计探究方案，学会使用控制变量法研究问题，得出电容大小的决定式，补充电容的概念模型	创设"手机中的电容器"的情境，通过问题引导学生用所学概念解释现象

【教学过程】

活动	教师活动	学生活动	设计意图
创设学习电容器概念的情境	富兰克林的风筝实验与莱顿瓶（存储电荷的装置）： 	感到新奇	大部分学生都听说过富兰克林的风筝实验，但极少了解莱顿瓶的结构和原理，通过历史故事，激发学生的兴趣，培养其科学态度
	1. 在日常生活中各种常见的电容器： 2. 引导学生拆解电容器，观察其内部结构。 3. 介绍电容器的构造： 介绍电容器结构、符号、极板和电介质	动手拆解电容器，观察体验电容器的构造	1. 通过展示生活中的电容器，激发学生的学习兴趣和探索欲望。 2. 教师创设真实的教学环境，学生带着探索的欲望动手拆解电容器，形成深刻的学习体验。 3. 从具体的实物到用物理语言描述电容器的结构，迅速洞察研究对象的本质属性，将形象的结构转化为抽象的物理模型

续　表

活动	教师活动	学生活动	设计意图
实验探究电容器的充放电过程	1. 引导学生观察并分析充电的详细过程： 给大家介绍发光二极管，用图①的符号来表示，这类电子元件的特点是电流只能朝着箭头的方向流过。如图②所示，要判断电流的方向只需观察哪些二极管发光就可以啦。 实验：让学生观察实验，注意记录二极管的发光情况。 问：电流通过二极管使其发光，是否意味着电路是一个通路？ 2. 引导学生观察并分析放电的详细过程：	观察实验现象，根据二极管的发光情况，分析充电电流：二极管 1、4 发光且很快熄灭，说明电流从负极板通过电源流向正极板，并且充电过程很快完成。进一步观察放电过程二极管的发光情况，并分析放电电流：二极管 2、3 导通发光且很快熄灭	1. 向学生介绍生活中常见常用的电子元件，利用学生对新鲜事物的好奇心激发学生的探索欲望。 2. 在演示实验的过程中，让学生观察和独立分析实验现象，学会用物理语言描述实验现象。独立分析是学生逻辑思维整理的过程，通过学生间的表述和对比，学生能够反思自己的观点。 3. 通过对实验现象的分析，使学生看到实验现象与分析结果的完美耦合，提高科学思维能力，形成物理观念
通过数字化实验系统探究充放电的电量和电压的关系	1. 提出问题：电容器存储的电量与哪些因素有关？ 铺垫：刚才我们说过，当电容器两端的电压与电源电压相等时充电就结束了。 问题：这是否意味着电容器两端的电压越大，电容器被充上的电荷也就越多？	学生提出猜想：电容器两端的电压越大，其所带的电量也越多。	

活动	教师活动	学生活动	设计意图
通过数字化实验系统探究充放电的电量和电压关系	2. 介绍数字化实验系统： 利用传感器在计算机上观察电容器充放电过程。计算机通过对数据进行分析与处理，得到电容器充、放电过程的 $U-t$ 图像和 $I-t$ 图像。 问题：在 $I-t$ 图像中，I 轴与 t 轴所围的面积表示什么？ 3. 当电源干电池使用 1 节、2 节、3 节、4 节、5 节时，通过数字化实验系统可以得到极板的电量 Q 与所加电压 U 的关系	观察、思考和讨论，与教师一起完成实验，记录数据，并在坐标纸上作出 Q 与 U 的关系曲线，得到 Q 与 U 成正比的结论	对电容器充放电现象的描述从定性分析过渡到定量分析，引导学生抽取合适的物理参数，用参数描述物理现象，挖掘现象背后的本质。 实验测量结果与理论分析相辅相成，学生认识到研究物理问题的基本方法，对电容器的实物模型建构得更加完善，电容的概念模型呼之欲出
通过比值法定义电容，初步建立电容的概念模型	1. 电容器所带电量与其两端的电压成正比，说明同一电容器所带的电量和电压的比值是一个定值。引用比值定义法，定义电容器的电量和其两端电压的比值叫作电容器的电容，用 C 表示，即 $C = \dfrac{Q}{U}$。	比值定义法。 电容的物理意义	

续　表

活动	教师活动	学生活动	设计意图
通过比值法定义电容，初步建立电容的概念模型	这个比值的物理意义就是当电容器两端的电压为1 V时其上所带电量。不同电容器单位电压所带电量不同，显然这个值反映了不同电容器容纳电荷的本领。 2. 单位：$1 C/V = 1 F$。 电容的其他单位介绍。 3. 让学生观察拆解后的电容器外壳上的参数，找出其电容大小，认识电容器的工作电压		通过实验现象和理论推理，把$Q-U$图像和比值定义法联系起来，建立正确的电容概念模型，并培养学生的科学思维，让学生感受数学与物理的完美结合
质疑创新，补充电容的概念模型	1. 问题：电量和电压不影响电容，什么因素会影响电容器的电容呢？由于电容器的种类很多，我们选择常见的平行板电容器进行分析。请学生们观察平行板电容器的结构，猜想可能有哪些因素会影响电容器的电容。 2. 控制平行板电容的电量Q不变，利用静电计探究影响电容大小的因素： 介绍用静电计测量平行板电容器两极板间的电势差的方法： 保持极板正对面积S不变，增大板间距离d，观察静电计指针偏角的变化，思考电容C变大还是变小。 保持极板间间距d不变，减小电容器极板正对面积S，观察静电计指针偏角的变化，思考电容C是变大还是变小。	答：两极板的材料、距离、正对面积、电介质、温度、湿度等因素。 设计实验、观察并思考	培养学生的质疑和探究精神。通过实验，寻找证据、解释现象和分析交流，逐步总结影响平行板电容器电容的因素，得出电容的决定式，补充电容的概念模型，让学生经历科学探究的过程，体会探索物理规律的不易和乐趣

活动	教师活动	学生活动	设计意图
质疑创新，补充电容的概念模型	保持极板正对面积 S 和间距 d 不变，插入其他电解质，观察静电计指针偏角的变化，思考电容 C 是变大还是变小。 3. 总结以上实验结果：平行板电容器的电容 C 与两极板的正对面积 S 成正比，与两极板的间距 d 成反比，并与插入其间的电解质有关。 电容器的电容决定式：$C = \dfrac{\varepsilon_r S}{4\pi K d}$。 介绍相对介电常数 ε_r；对于真空，$\varepsilon_r = 1$		
拓展迁移，模型应用，完善电容的概念模型	问题1：请同学们重新观察并解释所拆解过的电容器的结构，为什么作为电介质的氧化膜非常薄？为什么铝片和纸带设计得很长？为什么将铝片和纸带卷成圆柱状？ 问题2：手机是现代生活最常用的通信工具，请大家结合电容器的特点，了解、思考电容器在手机中的作用	有效地增大电容器的电容。手机的闪光灯、触摸屏还有内部电路板大量使用了电容器	与课堂引入首尾呼应，有助于学生对电容器和电容的实物模型和概念模型的理解；将电容器拓展至实际应用中，将理论与实际相结合，完善对电容器和电容概念模型的建构

【教学总结】

本节课的设计结合科学建模的理论、物理核心素养的要求和物理概念教学的基本方法，在具体环节中，尽可能创设真实的情境，让学生通过亲身体验感知电容器，引导学生认识电容器的结构和功能；抽取描绘电容的参数，找出参数之间的正确关系，建立基本的概念模型。通过推理论证、参数分析、模型修正和补充、反复质疑创新等过程，从现象到本质，从定性分析到定量分析，从理论到应用，科学建构出能够正确描述和解释电容器的实物模型和概念模型。整个过程以学生为主，逐步提升学生的科学思维和探究能力，提高学生的学习兴趣、自我满足感和合作交流能力，形成了学生追求科学本质的态度，增强了学生利用物理知识服务社会的责任心，发展了学生的物理核心素养。

第八节　电容器和电容（2）

饶平县第二中学　钟勇龙

【教材】

人教版选修 3 - 1 第一章第八节。

【教学时间】

40 分钟（或分为两个课时）。

【教学对象】

高中二年级学生。

【教学内容分析】

1. 课标要求：构建电容的概念；理解电容器的充、放电过程，实验探究影响平行板电容器电容的因素，计算电容器的大小。

2. 教材地位和作用：《电容器的电容》是合格性考试和高考的考点，是学习匀强电场后的一个重要应用，为后续学习传感器和电磁振荡等内容奠定了基础，在教材中占有重要地位。通过实验探究影响平行板电容器电容的因素，让学生在科学探究中形成物理观念，在交流讨论过程中锻炼敢于创新、敢于质疑的科学思维。

【教学目标】

1. 物理观念：构建电容器的定义、构造、符号、作用，知道电容器的充、放电过程，能够计算电容器电容的大小。

2. 科学思维：能够对问题提出有根据的猜想，科学推理，构建电容器模型；学会采用类比水容器的方法进行科学推理；在交流讨论的过程中，敢于科学推理出不同的观点，质疑创新。

3. 科学探究：能够采用控制变量法，参与探究电容器电容大小与哪些因素有关的实验，搜集数据，解释、交流、验证自己的猜想并归纳电容定义式及特点；了解用 Excel 应用软件处理实验数据，分析电容器的方法，提高物理实验科学探究的操作技能。

4. 科学态度与责任：通过参与实验探究、问题思考等主体活动，养成严谨、细致、耐心的实验素养，培养合作精神以及实事求是、尊重客观规律的科学态度。

【教学重难点】

1. 重点：通过实验构建电容的概念。

2. 难点：理解电容器的充、放电过程，实验探究影响平行板电容器电容的因素。

【学生"前概念"分析】

学生对电场知识有基础，但初中没有电容知识的学习基础，本节课所涉及的概念多且抽象，学生感性认识少，学习过程中会有难度。但学生在生活中会接触到许多电容器，对本节课引入有基础。

【教学流程设计】

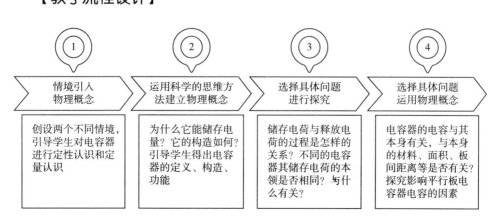

① 情境引入物理概念	② 运用科学的思维方法建立物理概念	③ 选择具体问题进行探究	④ 选择具体问题运用物理概念
创设两个不同情境，引导学生对电容器进行定性认识和定量认识	为什么它能储存电量？它的构造如何？引导学生得出电容器的定义、构造、功能	储存电荷与释放电荷的过程是怎样的关系？不同的电容器其储存电荷的本领是否相同？与什么有关？	电容器的电容与其本身有关，与本身的材料、面积、板间距离等是否有关？探究影响平行板电容器电容的因素

【教学过程】

教学环节	教师活动	学生活动	设计意图
创设情境，引入新课，构建电容器的物理概念	1. 两个铁盆中间夹一层纸，用灭蚊拍分别与上下铁盆相连接，打开灭蚊拍一段时间，让学生双手同时触摸上下盆。 2. 教师通过用电容器存储电荷带动时钟转动。 3. 展示生活中的电容器：电脑、音响、电视机等电器的主板上的电容。 电容器：定义、构造、符号、功能	观察发生的现象。 1. 触摸瞬间，该学生有什么反应？ 2. 时钟是否转动？ 3. 观察电容器： 	创新小实验的引入，吸引学生注意力，激发学生学习兴趣
运用科学思维，进行科学探究	电容器的充、放电过程： 实验探究 1：教师参照教材的探究实验图连接电路。 	学生观察： 1. 开关 S 接 1，电压表、电流表变化过程。 2. 开关 S 接 2，电压表、电流表变化过程。	

续 表

教学环节	教师活动	学生活动	设计意图
运用科学思维，进行科学探究	 注意：本实验是学生在高中阶段接触的第一个电路，需要详细向学生介绍，给学生一个过渡阶段。 点拨：实验中电流的流向以及电压表的读数可以揭示，开关 S 接 1 时有电荷储存到电容器中，开关 S 接 2 时电容器中的电荷释放出来。 注意：我们把一个极板所带电荷量的绝对值叫作电容器的所带电荷量 Q	回答：开关 S 接 1，此过程中，可看到电压表示数迅速增大，随后逐渐稳定在某一数值；电流表指针向右偏转，慢慢地，电流逐渐减小至 0。开关 S 接 2，观察到电流表指针向左偏转，电压表读数变小，电流也减小，最后电压表和电流都等于 0	本环节为了能让学生直观地观察和体验到充、放电过程，通过可测量的电流、电压推断抽象且不易测量的电荷量与能量的变化，使抽象的过程形象化，启发学生积极猜想，推理判断，提高学生主动释疑的能力
	提问：课堂引入的两个小实验现象如何解释？	学生分组讨论，思考并回答	
	问题： 1. 电容器能够储存电荷，使时钟转动，那么电容器储存电荷的多少可能与什么因素有关？ 2. 如何表示电容器储存电荷的本领？ 3. 不同的电容器储存电荷的本领是否相同？	学生思考，在教师的引导下，猜想：可能与充电电压和电容器本身有关	培养学生物理思维习惯和发现物理规律的敏感性以及对物理现象的猜想能力
运用科学思维解决实际问题	实验探究 2： 1. 在充电电压不同的情况下，对同一电容器充电。 2. 在充电电压相同的情况下，对不同电容器充电，观察时钟转动的时间。 		

续 表

教学环节	教师活动	学生活动	设计意图
运用科学思维解决实际问题	<table><tr><td rowspan="3">电池</td><td>1号电容器转动时间（S）</td><td>2号电容器转动时间（S）</td></tr><tr><td>一节干电池（1.5V）</td><td></td></tr><tr><td>两节干电池（3.0V）</td><td></td></tr></table> 电容器存储电荷本领的物理量——电容。不同电容器存储电荷的本领不同	学生观察回答。通过演示实验学生发现，充电电压不同情况下，电容器使时钟转动的时间不同，得出电容器储存电荷量与充电电压有关；充电电压相同的情况下，不同电容器充电后使时钟转动的时间也不相同，得出不同电容器储存电荷的本领不同	本环节通过可测量的时钟转动推断不易测量的电荷量大小，直观明了，培养了学生科学推理的思维、实事求是的科学态度
	实验探究3：参照教材连接电路。 同一个电容器两极板间电势差 U 与所带电荷量 Q 之间的关系是怎样的呢？ 把开关 S_1 接1，几节干电池串联后给 A 充电，用数字电压表读出 A 两端电压 U_1 并记录。接着，把开关 S_1 接2，使另一个相同的但不带电的电容 B 与 A 并联，再用数字电压表读出此时 A 两端的电压 U_2 并记录。断开 S_1，闭合 S_2，让 B 的两极板完全放电，随后断开 S_2，再把开关 S_1 接2，把 B 和 A 并联，读出并记录数字电压表的读数 U_3，接着继续把 B 的两极板完全放电。 重复以上步骤……	学生观察： 1. 把开关 S_1 接1，电压表的变化过程。 2. 把开关 S_1 接2，电压表的变化过程。 3. 完成表格。 4. 将数据输入 Excel 表格中，制出趋势图。 分组讨论，思考并回答： 在误差允许范围内，电容器所带电量 Q 与其两端电压 U 成正比，即为一常量。对于不同的电容器，比值一般不同	本环节是在实验探究2、实验探究3的基础上，引导学生在探究过程中，形成物理观念，培养科学思维

教学环节	教师活动					学生活动	设计意图

| 运用科学思维解决实际问题 | <table>带电量 Q（C）表</table> | | | | | | |

带电量 *Q*（*C*）: 0 | *Q* | 1/2*Q* | 1/4*Q* | 1/8*Q*

电势差 *U*（*V*）: 0

对于本实验，教师 要详细讲解电路图的连接以及突破"*A* 和 *B* 两个电容串联之后，为什么 *A* 的带电量会变为原来的一半"，引导学生回忆之前学习库仑定律时，两个带电小球相互接触之后分开，带电量平分的现象，启发学生思维。

Q/*C* 不同电容器带电量 *Q* 与电势差 *U* 的关系图

教师总结：这类似于不同的容器装水，要使容器中的水深都为 1cm，横截面积大的容器需要的水多，得出电容与电荷量 *Q* 和电势差 *U* 无关，与电容器本身有关。

A   B   C

| 观察生活中常用的电容器 | 学生阅读课本，认识常见电容器有固定电容器、可变电容器、超级电容，了解它们的构造和特点，并认识电容器的重要参数：击穿电压、额定电压。

有极性电容　无极性电容　陶瓷电容　钽电容

贴片电容　贴片电解　薄膜电容　安规电容（X型） | | | | | | 本环节是为了突出知识的应用，有利于学生理解科学、技术、社会和环境之间的关系，逐渐形成对科学和技术应有的正确态度和责任感 |

55

续 表

教学环节	教师活动	学生活动	设计意图
	电容器的电容与电容器本身有关，与极板间的电压 U、极板所带的电荷量 Q 无关。那么平行板电容器的电容可能与什么因素有关？ 下面我们以平行板电容器为例来研究一下	学生思考并回答： 1. 猜想可能与极板面积 S、板间的距离 d、两板间的绝缘物质有关。 2. 采用控制变量法进行探究	启发学生积极猜想，推理判断
运用科学思维，探究影响平行板电容器电容的因素	实验探究4： 实验器材：平整锡箔纸（极板）2 张、薄纸片 4 张、橡胶片、刻度尺、数字万用表。 实验步骤： 1. 保持两极板的正对面积 S 不变，改变两极板的距离 d，用数字万用电表测出电容大小并把板间距离记录在表格中。 2. 保持板间距离 d 不变，改变平行板两极板的正对面积 S，用数字万用电表测出电容大小并把正对面积记录在表格中。 3. 使用 Excel 表格处理数据，制出 C 与 d、C 与 $1/d$、C 与 S 的图像。	学生分组实验：保持板间距离 d 和正对面积 S 不变，使用不同的电介质——橡胶片，用数字万用电表测电容的变化情况。 实验数据分析，得出结论：平行板电容器电容大小与正对面积 S 成正比，与板间距离 d 成反比。	培养学生科学探究的能力、处理数据的能力。

不变量	S（cm²）				d（cm）			
变量	d（cm）				S（cm²）			
项目	1	2	3	4	8	7	6	5
$1/d$								
电容大小								

C-d图像

续 表

教学环节	教师活动	学生活动	设计意图
运用科学思维，探究影响平行板电容器电容的因素	 C–S图像 C–$1/d$图像 $$C = \frac{\varepsilon_r S}{4\pi k d}$$		

【教学总结】

1. 从真实情境到抽象描述，引导学生思维从感性上升到理性

本节课的内容，从生活现象引入，发现抽象的物理量，再把不易发现的电荷量直观"显示"出来，让学生"摸到""看到"，引导学生从科学思维的角度进行科学探究，从感性上升到理性，发现其规律。

2. 本节课课时安排

由于实验探究比较多，个人建议分为两个课时来完成。

3. 需要注意的地方

本节课是学生高中阶段第一次接触电路，而且比初中电路更复杂，教师在教学过程中要足够的耐心，引导学生弄懂电路中的各种关系；在讲解电荷量为何会被平分的问题时，可以借助学习库仑定律知识时运用的方法。

第九节　固　体

中山市华侨中学　朱　茂

【教材】

人教版选修 1－2 第一章第三节。

【教学时间】

40 分钟。

【教学对象】

高中二年级学生。

【教学内容分析】

1. 课标要求：了解固体的微观结构；知道晶体和非晶体的特点；能列举生活中的晶体和非晶体；通过实例，了解液晶的主要性质及其在显示技术中的应用。

2. 教材地位和作用：教材对固体这部分知识要求较低，只要能够区分晶体与非晶体，了解各向异性、各向同性即可。本节课在介绍清楚晶体、非晶体的特点后，着重介绍我国固体物理发展的情况及晶体和非晶体在实际生产中的应用。

为了开阔学生的眼界，引起他们对研究固体物质的性质兴趣和求知欲望，教师在本单元教学开始，可以简述有关固体材料和固体物理的发展情况，简单介绍学生感兴趣的纳米和纳米技术，使学生对固体的学习产生浓厚的兴趣。

【教学目标】

1. 通过列举晶体及非晶体的图片，使学生能够了解晶体与非晶体的外观差异。

2. 通过观察两种固体熔化的过程，使学生知道有无熔点是区分晶体非晶体的重要方法。

3. 通过观察云母与玻璃在导热性上的不同，使学生知道各向异性与各向同性的差异。

【学习重难点】

1. 重点：晶体与非晶体的区分方法。
2. 难点：各向异性与各向同性。

【学生"前概念"分析】

高二学生在学习本节前没有经历过将微观结构和宏观现象相结合认识事物的体验，对于固体的了解，主要是相对于液体和气体。学生在初中化学及初中物理热学的学习中，已经建立了物质是由分子构成，且分子的排布情况对物理性质有所影响的认知。

【教学流程设计】

【教学过程】

活动	教师活动	学生活动	说明
真实图片引入不同种类的固体	自然界中的固态物质可以分为两种：晶体和非晶体。 水晶　味精　云母　金刚石 蜂蜡　玻璃　松香	观察，交流	通过部分固体的图片，直观了解晶体与非晶体的差异，尝试根据外形的不同及老师的课堂讲授，来分辨晶体与非晶体
观看两种不同固体的熔化过程	组织学生观看两种不同固体的熔化过程，观察差异，创设认知冲突，引入课题。 萘晶体的熔化过程　石蜡的熔化过程 1. 描述两种固体熔化过程的相同点。 2. 观察固液混合状态下，持续加热过程中温度变化的差异。 3. 围绕有无固定熔点讨论、交流。 4. 给出晶体、非晶体的定义	观察，回答教师提出的问题	在高中阶段，晶体、非晶体的区分方法主要是看是否有固定的熔点。但由于测量、观察温度变化比较麻烦，学生对有无固定熔点的概念模糊。因此，通过直观的实验情境引入课题，符合学生的认知规律。
各向同性与各向异性	用糖单晶体与糖多晶体对比，直观地说明差异，并演示从不同方向射入激光，导光性不同，引入各向同性与各向异性。 糖单晶体　糖多晶体	观察，讨论，表述	通过两个真实的情境，使学生直观地看到各向异性、各向同性所表现出的现象。通过简单的微观解释，了解各向异性、各向同性的成因

续 表

活动	教师活动	学生活动	说明
各向同性与各向异性	通过观察云母与玻璃片上石蜡的熔化结果，使学生直观地了解两种物质在导热性上的各向异性，再通过微观解释，使学生了解物质呈现各向异性及各向同性的成因。 		
晶体的微观结构	 晶体的形状和物理性质与非晶体不同是因为在各种晶体中，原子或分子、离子都是按照各自的规则排列的，具有空间上的周期性。介绍碳原子按不同晶格结构组合，形成的金刚石与石墨的差异，介绍铁水通过不同的冷却方式会得到多晶铁与非晶铁	阅读教科书	通过阅读，了解晶体的微观结构，了解宏观现象总是有更加微观的解释
了解固体材料	介绍纳米材料、半导体纳米材料、我国固体物理的发展情况	阅读科普材料	学以致用，带着所学知识，阅读教师准备的固体新材料，每页 PPT 介绍一种新材料，介绍四种

61

【教学总结】

播放萘晶体与石蜡熔化的过程，让学生直观了解熔化过程的不同，这比直接讲解有无固定熔点更符合学生的认知规律。

准备单糖和多糖，通过激光透射，直观展示各向同性和各向异性的差异，让学生在真实情境中认识固体各个方向物理性质的差异。

固体物理的学习涉及的知识比较广，在高中阶段，着重从外形、熔点和各向异性角度学习晶体，在固体新材料中，也应着重从这几个角度介绍。如能将材料带入课堂，或找到更多清晰图片给学生讲解，会有更好的效果。

第十节 液体的表面张力

中山市华侨中学 张 黎

【教材】

人教版选修 1－2 第一章第三节

【教学时间】

40 分钟。

【教学对象】

高中二年级学生。

【教学内容分析】

1. 课标要求：观察液体的表面张力现象，了解表面张力产生的原因，知道毛细现象，能分析生活中与表面张力相关的实例。

2. 教材地位和作用：液体是常规物体存在的一种形态。

【教学目标】

1. 了解液体的基本性质。

2. 知道表面张力，了解表面张力形成的原因。

3. 了解浸润、不浸润以及毛细现象。

【学习重难点】

1. 重点：了解表面张力的表现。

2. 难点：表面张力的微观解释。

【学生"前概念"分析】

学生知道物质是由大量分子组成的，分子之间存在相互作用的引力和斥力，了解分子作用力会随着分子间距的变化而变化。对于液体的基本性质，学生在生活体验中知道液体都具有流动性。

【教学流程设计】

①	②	③	④
创设情境 感知事物 提出问题	自主探究 合作交流 形成概念	总结反思 明确内涵 理解外延	解决问题 应用迁移 形成结构
通过创设各种情境，引导学生认识表面张力现象，激发其兴趣，引起其思考	运用演绎、类比的思维方法引出表面张力的概念，理解表面张力产生的原因	介绍毛细现象和浸润现象的概念，明确液体表面张力与浸润、毛细现象之间的关系，并能做出定性解释	介绍浸润、毛细现象在生活生产中的应用

【教学过程】

活动	教师活动	学生活动	设计意图
创设学习表面张力概念的情境	1. 呈现以下生活和自然中的情境： 提问： （1）观察到了什么现象？ （2）为什么会出现这样的现象？ 2. 回顾液体的基本性质： 液体具有流动性，容易蒸发，分子距离比气体小很多。	观察、思考回答第一个问题。	利用大量的生活、自然情境激发学生对现象观察和思考的兴趣，让学生大致认识到这些现象都有共同点，并激发学生进一步思考。回顾液体的基本性质，为后续活动提供基础。

续 表

活 动	教师活动	学生活动	设计意图
创设学习表面张力概念的情境	3. 做表面张力现象的演示实验，请学生观察，并记录。 （1）用烧热的针刺破棉线一侧的薄膜，在图中画出薄膜和棉线变化后的情况（分别刺破左边和右边）。 （2）用烧热的针刺破左图棉线圈内的肥皂膜，观察圈内外薄膜和棉线的变化，并在右图中画出薄膜和棉线圈变化后的形状。 （3）实验中发现了液体有什么规律？	观察，按要求画图，并回答问题	能在实验情境中描绘出薄膜收缩的方向，归纳出液面具有收缩的特点
运用科学的思维方法建立表面张力的概念	4. 对液面收缩现象的解释。 液体表面微观示意图： 	思考，讨论，回答问题。 思考，回答学生活动：相邻的组之间手拉手，并用力拉	将已有的知识与实际问题建立联系，引导学生用已有知识解决新的问题。 将学生类比为液体表面的分子，使其感受、体验这种相互拉力，并推测表面张力的效果。 建立完整的概念，并通过太空授课视频，增强体验

活动	教师活动	学生活动	设计意图
运用科学的思维方法建立表面张力的概念	分子间作用力与距离的关系: 问题:液体表面层分子之间表现为什么力? 液体的表面层分子间的距离大于 r_0,故表面层分子之间表现出引力。 设想液体表面的一条任意直线把液面分为①和②两部分。那么,由于表面层中分子间的引力,液面①对液面②有引力 F_1 的作用,液面②对液面①有引力 F_2 的作用,F_1 和 F_2 大小相等、方向相反。 提问:F_1 和 F_2 产生了怎样的宏观效果? 表面张力:液体表面层相邻部分之间的吸引力。 效果:使液体表面积有收缩到最小的趋势。 班级相邻组与组之间手拉手,用力拉,模拟感受表面张力。 提问:液体表面张力的方向是垂直于液面还是平行于液面? 完整展示液体表面张力的产生、定义、方向和效果。 解释生活和自然中的表面张力现象。 展示王亚平太空授课部分——水滴呈球形		
	5. 浸润与不浸润(毛细现象): 	观察现象,思考,讨论,并回答问题	丰富表面张力现象。对浸润与不浸润、毛细现象的解释归于液体表面张力,不对具体解释做过多解读。

续　表

活　动	教师活动	学生活动	设计意图
运用科学的思维方法建立表面张力的概念	直接描述： 一种液体会润湿某种固体并附着在固体表面，这种现象叫作浸润。 一种液体不会润湿某种固体也不会附着在固体表面，这种现象叫作不浸润。 浸润和不浸润总是相对的，如水可以浸润玻璃，但水不能浸润蜂蜡或石蜡；水银不能浸润玻璃，但能浸润铅。 观察玻璃管中的现象，为什么有的液面向上突起，有的液面向下凹陷呢？ 解释现象： 问题：浸润的液体在管中的液面是高于外面还是低于外面？ 展示现象，提出毛细现象的概念：浸润液体在细管里上升的现象和不浸润液体在细管里下降的现象，叫作毛细现象。 问题：液体的表面张力、浸润现象、毛细现象之间是怎样的关系？ 毛细现象的应用		毛细现象是浸润的一种具体表现，浸润是表面张力的表现，而表面张力的存在是由于分子之间具有相互作用力。通过辨析明确概念之间的关系

【教学总结】

（1）本节内容有大量的现象和实验，通过现象和实验让学生对表面张力现象有充分的感性认识，是物理观念教学的必要步骤。在增强感性认识的基础之上，再将学生思维引向深处，让学生对现象的成因进行微观解释，并理解和体验表面张力的方向。在本节课中贯穿始末的是分子作用力，在实例和实验中引导学生体会并应用。

（2）基于本节内容的特性，教学中难以展现大量的探究学习环节，接受性学习较为适用，教学中应引导学生使用教材。

第十一节　波的描述

中山市第一中学　荣　斌

【教材】

人教版选修 2 - 3 第三章第一节。

【教学时间】

40 分钟。

【教学对象】

高中二年级学生。

【教学内容分析】

1. 课标要求：能用图像描述横波，理解波速、波长和频率的关系。

2. 教材地位和作用：在学习了"机械波的产生和传播"的基础上，本节利用机械波的物理意义结合数学图像对机械波进行描述，掌握波动过程中的空间周期性和时间周期性，进而应用机械波的知识解决实际问题，正确认识机械波这类问题的多解特性。本节教学内容的地位相当重要，只有学会了机械波的描述，并掌握机械波的传播特性和数学图像解决问题的方法，才能进一步学习机械波的衍射和干涉等知识。通过本节课的教学，学生初步认识到学习波动时重要的是确定波动中全体质点的整体运动情况，即用波长、频率和波速等物理量来表征运动情况，而不是纠缠于单个质点的振动情况，对培养学生科学思维和研究方法，发展学生智力有着重要的意义。

【教学目标】

1. 认识并理解机械波的图像及其物理意义；通过对波形图的认知过程，明白正确观察在建立概念过程中的重要作用。

2. 知道描述机械波的波速、波长、频率和周期等物理量的意义，理解它们之间的关系。

3. 掌握从波的图像和其他相关条件得出波速、波长和周期等物理量的方法；提高识图、用图的能力，注意比较波动与振动图像的区别，进一步理解各个图像的意义。

【学习重难点】

1. 重点：用图像结合物理量描述机械波，通过图像分析机械波传播的相关问题。

2. 难点：①通过图像分析机械波传播过程中有关质点的振动情况（速度、位移、时间、加速度和路径等）；②有关机械波传播问题的多解特性。

【学生"前概念"分析】

机械波是高中学生需要掌握的最复杂的一种运动，它是一种全新的复合运动，既包含许多子概念，把力学和运动学的诸多概念和知识综合应用于其中，又在实际中有着非常广泛的应用。学生在学习了简谐振动及其函数和图像的基础上，学习和掌握了机械波产生和传播的微观过程，为本节简谐波的定量描述做了铺垫。当前学生可能存在的认知难点有：

（1）介质中各质点只在平衡位置附近上下振动，不"随波逐流"。

（2）沿波的传播方向，前一个质点带动后一个质点，传播着振动能量和振动状态。

（3）波的传播过程中波形是介质的质点在某时刻的群体图像。

（4）介质中质点振动的空间周期性和时间周期性。

【教学流程设计】

创设情境
感知事物
提出问题

通过演示实验，引导和启发学生思考如何从生活现象中抽象出描述机械波形状的物理模型

自主探究
合作交流
形成概念

通过讨论交流，引导学生在直角坐标系中描述特定时刻的波形图，让学生经历建立抽象物理模型的过程，引导学生思考简谐波和简谐振动的区别和联系

总结反思
明确内涵
理解外延

创设教学情境，认知描述波的三个物理量在波的图像中的表现，理解它们之间的关系，让学生经历模型建构到完善的过程

解决问题
应用迁移
形成结构

创设"船儿随波起舞"的情境，通过问题引导学生认识波动问题的空间和时间周期性，掌握波动问题多解的角度和方法

【教学过程】

活动	教师活动	学生活动	设计意图
从绳波和水波图像抽象出波的图像	沿绳传播的波（绳波） 演示软绳上下抖动的实验，引发学生思考：组成绳波的各个质点时刻都在运动，如何来记录或描述这种无数质点参与的群体运动？ 展示大海波浪的图像，引导学生对波的传播过程进行"定格"	建立直角坐标系，描绘特定时刻的波形图： 1. 理解横纵坐标的物理意义。 2. 认识波峰和波谷	从生活实践出发，建立抽象的物理模型

续 表

活动	教师活动	学生活动	设计意图
回顾波的产生过程，区分振动图像和波形图	根据绳波的形成过程，分析绳上各质点的运动情况 问题： 1. 图中各质点是怎样运动的？ 2. 观察波动过程，分析波传播了什么？ 3. 波形图和振动图像有什么区别？	讨论交流，回答问题： （1）每个质点都在平衡位置附近做受迫振动。 （2）波传播的是能量、振动状态和波形。 （3）波形图是介质中所有质点在同一时刻位置的相片，波形图的横坐标为位置坐标，表达不同位置处的各质点。 振动图像的横坐标为时间坐标，表示同一个质点在各个时刻的振动位移	理解波传播的微观机制；多角度辨识相关的物理模型，加深理解模型的建构过程
理解掌握描述机械波的物理量	展示波的图像，与学生共同探讨波长、波速和周期等概念。 1. 掌握波长的多重含义。 2. 掌握波的周期/频率的多重含义。 3. 理解波速、波长和周期的关系	波长 λ： （1）振动位移始终相同的两个相邻质点之间的距离。 （2）横波的相邻波峰/波谷之间的距离。 （3）振动状态在一个振动周期内传播的距离，即 $\lambda = \nu T$。 周期 T/频率 f： （1）各个质点（含波源）的振动周期/频率。 （2）周期 T 是波形图完全相同的两个相邻的时间间隔。 （3）频率等于单位时间内相同波形出现的次数。	

活动	教师活动	学生活动	设计意图
理解掌握描述机械波的物理量		波速 v: 振动状态（以波峰或波谷为标志），在介质中的传播速度即 $v = \dfrac{s}{t} = \dfrac{\lambda}{T}$ 或 $v = \lambda f$	
深入理解机械波的特点	教师呈现以下图像： （1）探讨上图中实线波形图中各质点的振动方向及其规律。 （2）引导学生思考甲乙两图中的波形从实线变成虚线可能经历的时间。 （3）湖面上的甲乙两条小船相距 20m，一列水波按从甲船到乙船的方向传播，使每条小船每分钟上下浮动 30 次，当甲船位于波峰时乙船刚好在波谷，讨论水波的传播速度。	（1）通过波形"微平移法"确定介质中各质点的振动方向，总结质点振动规律：波峰或波谷同一侧的各质点振动方向一致，两侧的各质点振动方向相反。 （2）（3）在教师的引导下归纳波动过程中的多解特性，如（2）乙图中波形可能向左或向右传播等	应用建立的波形图模型解决波传播过程中的问题，感受应用物理知识解决实际问题的思维过程

续 表

活动	教师活动	学生活动	设计意图
深入理解机械波的特点			

【教学总结】

从课程标准来看，本节要达到的目标是：理解机械波的特征，并能运用图像直观地描述这种特征；理解波长、频率、波速三个物理量的关系并能应用这种关系解决实际问题。本节课从教师演示绳波的实验开始，引导学生经历观察、讨论、描述、抽象和概括现象的模型建构过程，既让学生学习了物理模型的建构方法，也培养了学生应用物理学工具解释现象、解决问题的观念。有关机械波的知识比较复杂和抽象，机械波在介质中传播的问题涉及机械振动的特点、波的图像、波在传播过程中时间和空间的周期性和三角函数图像等知识，需要学生花费大量时间进行现象抽象和模型建构，教学过程中需要学生进行大量的讨论和思考，教师要引导学生善于捕捉信息，准确把握题设条件，综合运用波的形成、特点、规律、物理量以及波和振动的区别、联系，结合波的图像来完整解决问题。学生在学习了描述机械波的物理量和讨论机械波图形的相关特性后，一般来说对应用机械波波形图知识解决实际问题仍然感觉生疏和困难，在课后需要进行较多的相关练习进行巩固；只有在熟练掌握波形图的相关知识后，才能在后续学习波的衍射和干涉时有事半功倍的效果。

第十二节 核力与结合能

中山市第一中学 李中玉

【教材】

人教版选择性必修第三册第五章第三节。

【教学时间】

30 分钟。

【教学对象】

高中二年级学生。

【教材内容分析】

1. 课标要求：认识原子核的结合能及质量亏损，巩固能量观念。

2. 教材地位和作用：结合能是对已学核反应方程和核力等原子物理知识的全面概括和进一步深入，也是后续将要学习的核裂变和核聚变的基础。准确理解结合能才能明确核能的概念和演算方法，才能理解核聚变和核裂变释放核能的原因。本部分内容通过结合能等相关知识构建物质稳定性图景，进一步完善物质观；通过质能守恒确定核能算法，培养和发展学生微观世界中的能量观念，巩固科学研究中的守恒思想，完善现代物理的物质能量观念。

【教学目标】

1. 物质观念、质量观念、能量观念在微观世界的运用。

2. 科学思维：①能理解质能守恒，并能根据质能方程和亏损质量计算核反应中释放的核能；②理解微观世界原子质量单位 u 与宏观物理单位 kg 的不同，并能运用此单位，进行核反应的计算；③采用坐标图显示结合能规律与平均核子质量规律，了解图表法是寻求物理规律的有效方法之一。

3. 科学态度与责任：①树立起实践是检验真理的标准、科学理论对实践有指导和预见作用的意识；②认识开发和利用核能对人类能源危机的意义。

【学习重难点】

1. 重点：对质量亏损和爱因斯坦质能方程的理解。
2. 难点：结合能、亏损质量、质能方程、质量和能量的关系。

【学生"前概念"分析】

通过之前的学习，学生已知道原子核存在内部结构和核力以及核反应方程配平的相关知识。在高一化学的学习中，学生已知道元素周期表的排序方式。另外，生活中学生也通过影视作品或其他相关资料听说过核能的概念。本部分内容是在此基础上，对原子核内部质量和能量观念的进一步深化。

【教学流程设计】

【教学过程】

教学环节	教师活动	学生活动	设计意图
引出概念	展示PPT并介绍： 原子核内的核子因核力结合在一起。若要将其各核子拆分开，需要能量。我们将一个原子核拆散为自由核子所需要的能量或自由核子结合成原子核时释放的能量叫作该原子核的结合能	听、看，思考	结合能对学生来说是一个新而陌生且远离生活的概念，故根据已有概念铺垫后直接提出
回顾已学知识，理解结合能的概念	展示PPT： 氘核分解为中子和质子 $\gamma + {}^2_1H \rightarrow {}^1_0n + {}^1_1H$ 不小于2.22 MeV的能量 中子和质子结合为氘核 ${}^1_0n + {}^1_1H \rightarrow {}^2_1H + \gamma$ 等于2.22 MeV的能量 提问： （1）请书写出中子和质子核结合为氘核的方程。 （2）这个核反应会释放 γ 射线，其核能为2.22MeV，那么我们用2.22MeV的 γ 射线能将氘核分解为中子和质子吗？为什么？ （3）将氘核拆为独立核子需要的能量有什么要求？	观看、思考、回答。 答：（1）草稿纸书写。 （2）不能。如果使用2.22MeV的能量克服核力做功将氘核分解为独立的中子和质子，那么它们又会因为引力作用结合到一起，因此需要的能量要大于2.22MeV。 （3）微观世界除满足能量守恒外，也要满足动量守恒	用已有知识理解新知识

教学环节	教师活动	学生活动	设计意图
提出平均结合能	PPT 展示，教师讲解。 平均结合能： 原子核平均结合能 = $\dfrac{\text{原子核的结合能}}{\text{核子数}}$ 意义：平均结合能越大的原子核越稳定（其核子结合得越紧密），因此如果要拆开它所需要的能量就越大！ 不同的原子核，结合能不同。原子核越大，其结合能越大。科学家研究发现，原子核结合能与其核子数的比值存在一定的规律：该比值越大原子核越稳定。为此就将该比值定义为平均结合能，也叫作比结合能。 问题 1：我们能从能量的角度来回答为什么平均结合能越大原子核越稳定吗？	听， 思 考，回答。 答问题 1：因为每个核子平均释放的能量越多，它们结合为一个原子核就越紧密，要将一个核子拆出来所需要做的功就越多，所以原子核越稳定	从能量的观念理解提出平均结合能这一概念的意义
平均结合能概念的实际运用	讲解：科学家根据精确的实验数据制定了元素原子核质量数与平均结合能的坐标图，从这个图中我们可以看出铁的平均结合能是最大的，所以铁元素原子核最稳定。星球因为引力作用，物质有内聚的趋势，这个内聚的趋势在一定条件下会导致原子间出现高温高压。当原子核内聚距离达到一定程度时，就会发生核反应。恒星的核反应就是由此而来，如为地球提供光与热的太阳就是这样的，可见核反应能提供多么大的能量。核反应会生成新的原子核，即诞生新的元素。 	思考，回答。 答问题 2：铁元素。因为不断的核反应会在恒星上持续进行，直到生成最稳定的元素——铁元素。	培养学生运用知识解决实际问题的能力，同时培养学生学习物理、关注自然界的兴趣

续 表

教学环节	教师活动	学生活动	设计意图
平均结合能概念的实际运用	问题2：随着恒星核反应的进行，它上面的核反应将向着哪一种元素生成的方向进行？ 问题3：恒星晚期其星核可能是什么元素？为什么？ 展示图片： 恒星晚期内部结构	答3：铁元素。因为铁元素原子核最稳定。恒星的核反应是向着生成铁元素的方向进行的，且铁较重会逐步向星核沉积	
平均结合知识的运用：轻核聚变、重核裂变	PPT展示： 原子序数大于铁原子序数26的叫作重核，小于26的叫作轻核，如A、B、C为重核，D、E、F为轻核。重核分裂为较轻的核的反应称为重核裂变，轻核结合成较重的核的反应称为轻核聚变。重核裂变和轻核聚变的生成物都比反应物靠近铁元素，所以这两种核反应都释放能量	听，记忆	了解何为重核裂变，何为轻核聚变

教学环节	教师活动	学生活动	设计意图
核能与爱因斯坦质能方程	氘核分解为中子和质子 不小于2.22 MeV的能量 $\gamma + {}^2_1H \rightarrow {}^1_0n + {}^1_1H$ 中子和质子结合为氘核 等于2.22 MeV的能量 ${}^1_0n + {}^1_1H \rightarrow {}^2_1H + \gamma$ 中子和质子结合为氘核会释放核能，如何求解该核能呢？爱因斯坦根据相对论得出了物体能量与它的质量的关系，即 $E = mc^2$，c 为真空中光速。它指出了原子核结合能的求解方法		介绍核能与质能方程的关系
亏损质量的计算，释放、吸收能量与反应前后质量的对应关系	三、爱因斯坦质能方程在核反应中的应用 公式：$\Delta E = \Delta mc^2$ 光速 亏损质量 核能 亏损质量：核反应前后原子核总质量之差。 $\Delta m = m_n + m_p - m_D$ 释放能量 ${}^1_0n + {}^1_1H \rightarrow {}^2_1H + \gamma$ 反应后质量大于反应前质量 $\Delta E = \Delta mc^2 = (m_n + m_p + m_D)c^2$ 科学家研究表明，在核反应中原子核的总质量并不相等。例如，氘核的质量 m_D 比一个独立中子和独立质子的质量之和（$m_n + m_p$）小一些，这种现象就叫作质量亏损。质量亏损只有在核反应中才能明显地表现出来。如果用 Δm 表示亏损的质量，则中子和质子生成氘核核反应亏损质量的表达式应当如何写？释放的核能呢？ 该核反应，反应前质量大于反应后质量，释放能量。 $\Delta m = m_n + m_p - m_D$ 吸收能量 $\gamma + {}^2_1H \rightarrow {}^1_0n + {}^1_1H$ 反应后质量大于反应前质量 $\Delta E = \Delta mc^2 = (m_n + m_p + m_H)c^2$ 将氘核拆为中子和质子的核反应，反应后质量大于反应前质量，吸收能量。 单个质子、中子的质量科学家已经精确测定，再用质谱仪或其他仪器测定某种原子核的质量，就能求得该原子核的亏损质量，再用爱因斯坦质能方程便能推知该原子的结合能和比结合能	答： （1）$\Delta m = (m_n + m_p) - m_D$。 （2）$\Delta E = \Delta mc^2 = (m_n + m_p - m_D)c^2$	爱因斯坦质能方程子核反应中的应用：核能的具体计算

教学环节	教师活动	学生活动	设计意图
对 公 式 $\Delta E = \Delta mc^2$ 的 理解	投影，讲解。 物体的质量包括静止质量和运动质量。 质量亏损是指静止质量减少，转化为与辐射能量有关的运动质量，并没有消失；质能方程表述的是物体质量与总能量的对应关系，就像动能 $E_k = \frac{1}{2}mv^2$ 表述的是物体动能与质量、速度的对应关系一样，而不是能量与质量的转化关系。 在核反应中依然遵循质量守恒定律、能量守恒定律。这是计算核能的基础	听， 理 解，记忆	正确理解质能方程，才能正确建立物质观和能量观
核反应中常用单位 u、 MeV 的关系	展示： 【练习1】试用 $\Delta E = \Delta mc^2$ 证明质量亏损1u相当于释放931MeV的能量。 　$\Delta E = \Delta mc^2 = 1.6606 \times 10^{-27} \times (2.9979 \times 10^8)^2$ 　　　 $= 1.4924 \times 10^{-10}$J 　　　 $= \dfrac{1.4924 \times 10^{-10}}{1.602 \times 10^{-19}}$ eV$= 9.315 \times 10^8$eV 　即　 $= 931.5$MeV 　　　 $\Delta E = \Delta mc^2 = 1uc^2 = 931.5$MeV 教师讲解原子质量单位 u、kg、J、MeV 之间的关系后，让学生自行求解。 投影学生计算过程和结果，点评	思 考， 计 算、作答	熟知核反应中质量单位和能量单位的对应关系，并了解微观世界质能单位与宏观世界质能单位的差异
相关知识的综合运用	展示： 【练习2】^{12}C原子的质量是12.000000u，可以看作由6个氢原子（质量是1.007825u）和6个中子组成的，求碳原子核的结合能。 　解：质量亏损 　 $\Delta m = 6m_p + 6m_n - m_c$ 　　　 $= 6 \times 1.0086649u + 6 \times 1.007825u - 12.000000u$ 　　　 $= 0.0989394u$ 　碳原子核的结合能 　 $\Delta E = \Delta mc^2 = 0.0989394$uc^2 　　　 $= 0.0989394 \times 931.5$MeV$= 92.16$MeV 投影学生计算过程和结果，点评	学生思考，计算、作答	用原子质量单位与能量关系求解结合能，培养学生的知识迁移能力和计算能力

【教学总结】

结合能、核能是核力与核反应方程一节的主体内容，也是原子物理的重点和难点，是对原子物理相关知识具有较强综合性和概括性的两个概念，突破这两个概念能让学生有效构建原子核模型，串联核反应的相关知识。这两个概念因远离生活，比力和电的概念还要抽象。再者，本部分内容既有微观世界原子结构模型，也涉及定性判定和定量运算，以及图表分析，对学生的认知能力、推理分析能力和计算能力而言是一个不小的挑战。在教学上，引入相关图片、视频和实物模型能化抽象为具体，有助于激发学生的学习兴趣，增强其感性认识，为新概念的生成和原子核知识内在逻辑的教学做好铺垫。此外，本部分内容在区分、辨析基本概念的同时，要明确核能算法和质能关系，培养学生的守恒思想，完善其物质、能量观念。

② 第二章

基于核心素养的
物理规律教学设计

第一节　匀变速直线运动的位移与时间的关系

潮州市潮安区凤塘中学　洪胜雄

【教材】

人教版必修第一册第二章第三节。

【教学时间】

40 分钟。

【教学对象】

高中一年级学生。

【教学内容分析】

1. 课标要求：能用公式、图像等方法描述匀变速直线运动，理解匀变速直线运动的规律，能运用其解决实际问题。

2. 教材地位和作用：《匀变速直线运动的位移与时间的关系》是人教版高中物理必修 1 第二章第 3 节的内容，其位置和内容编排在新老教材中没有发生变化。前面学生已经学习了匀变速直线运动中速度与时间的关系，对本节课位移与时间关系的推导起到了铺垫作用。同时，本节课是位移与速度公式推导的前提。它在本章内容中起着承上启下的作用。

【教学目标】

1. 物理观念：能建立起匀变速直线运动位移与时间是二次方关系这个概念，并清楚匀变速直线运动在 $v-t$ 图像和 $x-t$ 图像中的形式。

2. 科学思维：体会由匀速直线运动 $v-t$ 图像面积对应位移，类比得到匀变速直线运动 $v-t$ 图像面积也对应位移，并进一步用微元思想证明 $v-t$ 图像的面积和位移确实是对应关系；尝试用数学方法解决物理问题。

3. 科学态度和价值：培养学生认真严谨地科学分析问题的品质，从知识是相互关联、相互补充的思想中培养学生建立事物是相互联系的唯物主义思想。

【学习重难点】

1. 重点：匀变速直线运动的位移时间公式及实际应用。
2. 难点：用微分思想分析归纳，从速度图像推导匀变速直线运动的位移公式。

【学生"前概念"分析】

学生在初中阶段已经学习了匀速直线运动的路程与时间的关系，并在第一章位移概念的学习中理解了匀速直线运动的位移与时间的关系 $x=vt$，在本章第 1 节中探究了小车速度随时间变化的 $v-t$ 图像，掌握了匀变速直线运动 $v-t$ 图像的特点，进一步讨论了匀变速直线运动的速度随时间变化，并导出匀变速直线运动的速度与时间的关系。目前学生处于初高中衔接阶段，利用图像描述和研究物理规律还不太熟练。虽然学生在学习瞬时速度的定义时初步体会了科学方法——微分法，但是本法很抽象，加上学生数学的微积分思想还没有建立，逻辑推理能力不强，所以是本节最大的难点。

【教学流程设计】

创设情境	思维加工	理解规律	应用规律	归纳升华
通过类比匀速直线运动和匀变速直线运动的两种v-t图，引出本节探究的问题	通过教师引领，学生推导x-t关系式时渗透"微元求和"思想，总结归纳微元法；类比瞬时速度的定义，体会变与不变的辩证关系	总结出匀变速直线运动的位移与时间关系式，归纳出关系式的特点及其应用的注意事项	总结出本节的核心内容，归纳出本节的重要思想方法	应用规律解决实际问题，并总结解决问题的一般思路和方法

【教学过程】

教学环节和内容	师生活动	核心素养	设计意图
1. 创设活动情境：温故知新，类比迁移，寻找解决方案。任务1：复习匀速直线运动的速度与时间的关系。任务2：匀速直线运动位移的两种求法是什么？任务3：初中时如何估测一段曲线的长度？魏晋时的数学家刘徽是怎样计算圆的周长和面积的？	学生回顾：匀速直线运动位移的两种求法。师生共同总结：（1）匀速直线运动 $x = vt$。（2）通过 $v-t$ 图像分析思考得出结论：匀速直线运动的位移在数值上等于 $v-t$ 图线、时刻线与坐标轴所围成的矩形的"面积"。 *v*/（m/s）图：纵轴 *v*/（m/s），横轴 *t*/s，矩形阴影区域，高度 v，宽度 t	能用图像表示匀速直线运动物体的位移。（物理观念）体会我国古代数学家先进的思想方法，增强民族自豪感。（科学态度与责任）	理解匀速直线运动的位移与时间的关系，并从简单的情境中得出用 $v-t$ 图像求得位移的方法，为匀变速直线运动位移与时间关系的研究做好铺垫。引导学生应用类比思想分析复杂问题。

续 表

教学环节和内容	师生活动	核心素养	设计意图
分割、逼近法：将运动进行分割，在很短的时间（Δt）内，将变速直线运动近似为匀速直线运动，利用 $x = vt$ 计算每一段的位移，各段位移之和即为变速运动的位移	匀变速直线运动的位移是否也对应 $v - t$ 图像的面积？ 师生共同寻求解决方法： 在初中时，我们曾经用"以直代曲"的方法估测一段曲线的长度。分割和逼近的方法在物理学研究中有着广泛的应用。早在公元 263 年，魏晋时的数学家刘徽就首创了"割圆术"——圆内正多边形的边数越多，其周长和面积就越接近圆的周长和面积。 		引入分割、逼近法，让学生体会变与不变的辩证关系，为后面的推导做好铺垫
2. 思维加工活动：求解匀变速直线运动的位移。 任务：请利用 $v - t$ 图和几何关系推导出匀变速直线运动的位移公式。 科学思想方法：先把过程无限分割，以"不变"近似代替"变"，然后进行累加的思想。（这就是极限思想和微元法）在前面讲瞬时速度时我们就用了这种方法	问题：做匀变速直线运动的物体，在时间 t 内运动位移与时间会有怎样的关系？类比给出匀速直线运动的位移用 $v - t$ 图像的梯形面积表示。 明确梯形各边对应的物理量，得到面积的位移的表达式：$x = \dfrac{1}{2}(v_0 + v)t$。 v 与时间有关。 利用上节课学过的速度与时间的关系式 $v = v_0 + at$ 整理得到 $x = v_0 t + \dfrac{1}{2}at^2$。	能在特定情境中运用匀变速直线运动模型解决问题；能用科学研究中的极限方法分析物理问题，通过推理，获得结论。（科学思维）	设计具体情境，让学生从视觉上直观感受到分割越细越接近真实值，这样学生更容易掌握从直观过渡到抽象的方法。 引导学生总结方法——微元法，体会极限思想，类比瞬时速度，加深理解

教学环节和内容	师生活动	核心素养	设计意图
	同时由平均速度 $v = \dfrac{x}{t}$ 可得匀变速直线运动中 $v = \dfrac{v_1 + v_2}{2}$。 当 $v_0 = 0$ 时 $x = \dfrac{1}{2}at^2$		
3. 理解规律 任务：公式各物理量的意义以及应该注意的事项	问题：在公式 $x = v_0 t + \dfrac{1}{2}at^2$ 中，说明各物理量的意义以及应该注意的事项。 小结：$x = v_0 t + \dfrac{1}{2}at^2$。 1. 适用条件：只适用于匀变速直线运动。 2. 矢量性：x、v_0、a、t 均为矢量。 （1）应先选取正方向，一般以 v_0 的方向为正方向。 （2）加速时，a 取正值；减速时，a 取负值。 3. 单位：x、v_0、a、t 统一为国际单位	熟练掌握公式中各物理量的意义，注意符号的代入法则。 （物理观念）	引导学生进行规律总结，尤其是讨论对位移公式的理解和应用注意事项时，学生只有充分参与才能正确运用
4. 应用规律 活动：学以致用。 任务 1：初识匀变速直线运动的 x - t 图。 任务 2：应用位移公式完成例题并归纳小结	一质点以一定的初速度沿固定斜面上滑，得到它的速度—时间图像如图所示。试求出它在前 2s 内的位移、后 2s 内的位移以及前 4s 的位移。 前 2s 内的位移：$x_1 = 4\text{m}$。 后 2s 内的位移：$x_2 = -4\text{m}$。 前 4s 内的位移：$x = 0$。	进一步加强学生对匀变速直线运动的 v - t 图像物理意义的理解。 理解位移公式，会进行物体运动性质的判断。 （物理观念） 能运用位移公式解决简单的问题。 （科学思维）	设计一个关于匀变速直线运动的 x - t 图像，目的是让学生区别匀变速直线运动的两种图像。

续 表

教学环节和内容	师生活动	核心素养	设计意图
	例题1：航空母舰的舰载机既要在航母上起飞，又要在航母上降落。 （1）某舰载机起飞时，采用弹射装置使飞机获得10m/s的速度后，由机上发动机使飞机获得25m/s²的加速度在航母跑道上匀加速前进，2.4s后离舰升空。飞机匀加速滑行的距离是多少？ （图）$t_1=2.4\text{s}$　$v_1=10\text{m/s}$　a_1 解：规定 $v_0 = 10\text{m/s}$ 的速度方向为正方向，则 $a_1 = 25\text{m/s}^2$，运动时间 $t_1 = 2.4\text{s}$ 由 $x = v_0 t + \frac{1}{2}at^2$，得飞机滑行的距离为 $x_1 = v_0 t_1 + \frac{1}{2}a_1 t_1^2 = 10 \times 2.4 + \frac{1}{2} \times 25 \times 2.4^2 = 96$（m） （2）飞机在航母上降落时，需用阻拦索使飞机迅速停下来。若某次飞机着舰时的速度为80m/s，飞机钩住阻拦索后经过2.5s停下来。将这段运动视为匀减速直线运动，此过程中飞机加速度的大小及滑行的距离各是多少？ （图）$t=2.4\text{s}$　$v_{01}=80\text{m/s}$　$v=0$ 解：飞机降落过程为匀减速直线运动，初速度 $v_{01} = 80\text{m/s}$，末速度为 $v = 0$，运动时间 $t = 2.5\text{s}$ 由 $v = v_0 + at$，得 $a = \dfrac{v - v_{01}}{t} = \dfrac{0 - 80}{2.5} = -32$（m/s²） 由 $x = v_0 t + \frac{1}{2}at^2$，得飞机滑行的距离为 $x = v_{01} t + \frac{1}{2}at^2 = 80 \times 2.5 - \frac{1}{2} \times 32 \times 2.5^2 = 100$（m）	能在特定的情境中运用匀变速直线运动模型解决问题。 （科学思维）	例题1设计"一题多解"意在培养学生的发散思维。

续 表

教学环节和内容	师生活动	核心素养	设计意图
	例题2：在平直公路上，一汽车的速度为72km/h。从某时刻开始刹车，在阻力作用下，汽车以5m/s²的加速度运动，刹车后6s末车离开始刹车点多远？ 解：72km/h=20m/s 规定小车的初速度v_0的方向为正方向，则加速度$a=-5m/s^2$ 汽车的刹车时间为$t=\dfrac{0-v_0}{a}=\dfrac{0-20m/s}{-5m/s^2}=4s$ 汽车刹车开始后6s内滑行的位移为汽车行驶4s的位移： $x=v_0t+\dfrac{1}{2}at^2=20\times4+\dfrac{1}{2}\times(-5)\times4^2=40（m）$		例题 2 属于"刹车问题"，通过错解原因，培养学生的批判性思维，并引导学生归纳总结解这类问题的一般思路
5. 课堂小结	1. 位移的数值等于$v-t$图像中图线与时间轴所夹图形的面积：$v-t$图像中图线与时间轴所夹图形的面积表示位移，t轴上方面积表示位移方向为正方向，t轴下方面积表示位移方向为负方向。 2. 匀变速直线运动的位移与速度的关系式$x=v_0t+\dfrac{1}{2}at^2$（注意其矢量性）		

【教学总结】

1. 重视知识的获取过程

在匀变速直线运动位移的推导过程中运用大量的篇幅，类比数学家刘徽的"割圆术"体会分割和逼近的方法，把变速运动当作匀速处理是理所当然的，图像上矩形面积之和等于梯形面积也是理所当然的，为以后教学中变力功的计算做好了铺垫。

2. 重视教材的整合

本节内容是本章承上启下的一节，上有匀变速直线运动速度与时间的关系，下有匀变速直线运动速度和位移的关系。就本节而言，"拓展学习"部分和图

2.3－1 的整合既节约了时间，又使抽象的极限变得直观。

3. 重视物理思想的渗透

用图像处理问题的思想是本章的一个重点：由第 1 节通过实验画图像，到第 2、3 节利用图像找规律，再到利用图像解决实际问题。另一个重要思想是极限的物理思想：由平均到瞬时、由变化到不变。

第二节　力的合成

中山市华侨中学　朱　茂

【教材】

粤教版必修第一册第三章第四节。

【教学时间】

40 分钟。

【教学对象】

高中一年级学生。

【教学内容分析】

1. 课标要求：通过实验，了解力的合成，知道矢量和标量。

2. 教材地位和作用：教材中用一个成年人与两个孩子分别提同一桶水为例，引入等效替代思想，提出合力与分力的概念，并通过比较新颖的等间距同心圆背景的力的关系探究装置在保证合力效果不变的前提下，分力与合力的关系。本节重点在于让学生通过探究过程，知道两个问题：一是力的合成的算法不适用于过去的标量法则，而适用于矢量法则；二是矢量运算遵循平行四边形定则。

本节课在教材中的安排旨在使学生能用平行四边形定则把两个已知力合成一个力，不要求用它来求解现实情境中复杂的受力问题。现实情境中的受力计算应该是学习共点力平衡时解决的问题。

【教学目标】

1. 通过举例对比，使学生知道合力与分力的概念，体会等效替代的思想方法。
2. 通过实验探究，得出力的合成所遵从的法则——平行四边形定则。

【学习重难点】

1. 重点：①向学生渗透等效替代的思想方法；②使学生知道合力与分力的概念；③使学生了解力的合成遵从平行四边形定则。
2. 难点：①引导学生发现合力与分力的平行四边形关系；②从"代数和"到"矢量和"的思维跨越。

【学生"前概念"分析】

学生在初中已经接触过求沿同一直线作用的两个力的合力的方法，包括同向和反向的情况，在第一章也初步接触过位移的矢量合成，现阶段只具备标量计算的数学方法，尚未接触过二维矢量计算：①认为矢量合成就是同向相加，反向相减，没有接触过二维及三维的力的合成问题；②认为只要是两个力或多个力，就可以合成。

【教学流程设计】

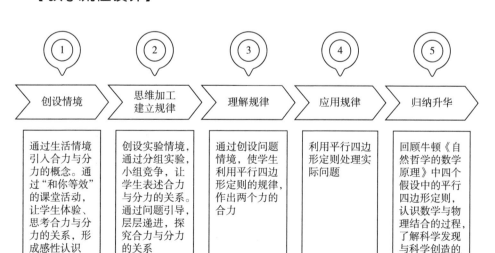

【教学过程】

活动	教师活动	学生活动	说明
引出力的作用效果的等效替代	展示一个成年人与两个孩子分别提同一桶水的图片,若每个孩子对水桶的力都与手臂在一条直线上,提出问题: 1. 画出两种情况下的水桶受力示意图。 2. 一个成年人与两个孩子分别提同一桶水的效果是否相同? 3. 相同的效果是指什么?	观察,回答教师提出的问题	画示意图的目的是培养学生用科学思维分析问题的能力。相同的效果应指水桶的平衡状态,这里要明确受力物体。注意:虽然多数情况下都是解决两个分力合成一个合力问题,但原理上是几个力的效果与一个力单独作用的效果等效,在引入概念时注意此处。物理观念达到水平2,能从力的作用效果相同的角度分析水桶的受力
合力与分力、力的合成的意义	课堂活动:"和你等效"。 活动规则:用强磁铁在黑板左侧分别固定两根橡皮筋的一端,橡皮筋另一端都拴有绳套,教师请三名学生上台,组成一队。在右侧黑板处用同样的方法请上另一队学生。 课堂活动:"和你等效" 在教师的要求下,两队各有一个学生拉一个橡皮筋端点到适当位置,然后教师宣布另外两个学生开始拉绳子,使橡皮筋达到和另一个学生相同的效果,哪队先做到,哪队获胜。总结,提问:	1. 通过师生互动,了解"和你等效"的游戏规则,并上讲台参与活动。 2. 尝试用语言准确回答教师的问题	通过活动,使学生在行为和思维上进入思考合力与分力关系的物理情境。此处需要教师根据学生的回答,与学生进行充分的师生互动,使学生从多个角度对分力与合力的概念进行拓展,进而了解概念的意义

活动	教师活动	学生活动	说明
合力与分力、力的合成的意义	1. 为什么合力可以替代分力？ 2. 等效替代思想可以在不同主题下迁移，请学生举例。 3. 合力与分力是不是同时作用在物体上的？ 4. 对两个大小确定的分力求合力时，分力间的角度对合力是否产生影响？		注意：课堂竞赛活动结束时，教师一定要将两队成功时的情境拍照，待分析时用。 物理观念达到水平2，能从力的作用效果等效的角度，尝试在真实情境中合成合力
探究实验	教师明确探究实验的目的：探究两个互成角度的力与它们合力的关系，并在实验台上摆放橡皮筋、木板、同心等间距圆盘纸背景、铁架台、弹簧测力计等多种实验器材。 提问： 1. 实验中怎样保证分力与合力的效果相同？ 2. 如何测量合力与分力的大小？怎样记录它们的方向？ 3. 实验过程中需要记录哪些数据？ 4. 采用什么方法可以直观地描述出力的大小？方向、作用点？ 5. 一组实验能不能发现规律？数据的误差来源是什么？ 6. 观察用力的图示法表示的几组实验数据，发现了什么规律？	1. 通过交流与讨论，进行实验设计。 2. 动手实验，记录实验数据。 3. 作力的图示，探究合力与分力的关系	此实验是学生进入高中以来遇到的对思维能力要求最高的物理实验，学生能够始终明确实验目标是完成实验最重要的因素。因此，教师在设计实验环节时应只做引导工作，充分组织生生互动，培养学生的实验探究能力，切不可一讲到底。 此探究实验是无法严格得到平行四边形定则的，实际上该定则在《自然哲学的数学原理》中是作为牛顿第三定律之后的第四个假说出现的。 科学探究达到水平3，能分析合力与分力的关系，根据实验数据作出力的图示，寻找合力与分力的关系

续 表

活动	教师活动	学生活动	说明
合力的计算	1. 教师直接给出三道力的合成例题，分别是分力间成直角、锐角和钝角的情况，要求学生用作图法找到合力。 2. 锐角和钝角的情况赋特殊角度，请学生计算 F_1　F_2　　F_1　F_2　　F_1　F_2	用刻度尺和铅笔，利用所学知识画出三种情况的合力	从作图到定量计算，使学生体会到矢量合成的重点在平行四边形的几何关系，而不是代数计算。 物理观念达到水平3，能应用平行四边形定则准确地找到合力，并结合几何方法计算合力
物理学史讲授	介绍牛顿在《自然哲学的数学原理》中对力的平行四边形定则规律的阐述	听讲授	了解科学发现与科学创造的特点

【教学反思】

1. 亮点

（1）将学生认知规律的过程与方法作为设计本节课的重点，而不是平行四边形定则本身。

本节课中的两个重要环节分别是：通过活动体验等效方法，寻找合力，建立较为直观的感性认识；通过实验探究的过程，对寻找合力的方法做出理性判断和思考。两个环节的教学，帮助学生在力的平行四边形定则的认识上达到物理观念的水平3甚至水平4。

（2）探究实验提供多种器材供学生选用，最大限度地放开器材对学生设计实验的限制。

作为科学探究的课堂活动，不能以动手作为起点，而应以思维上的猜想、设计为主导。提供多元化的实验仪器，可以充分放开对学生思维的限制，间接地告知学生，观念和思维才是物理的核心。

2. 需要注意的地方

本节课的实验不能严谨地得到力的合成遵循平行四边形定则的规律，仅在探究过程中提出猜想与验证关系。作为与牛顿运动三大定律同时出现在《自然哲学的数学原理》中的假说，应告知学生，以免在思维探究的逻辑上给学生做出错误示范。

第三节 共点力的平衡条件及其应用

中山市华侨中学 朱 茂

【教材】

粤教版必修第一册第三章第六节。

【教学时间】

40 分钟。

【教学对象】

高中一年级学生。

【教学内容分析】

1. 课标要求：课标对本节的要求是能用共点力的平衡条件分析生产生活中的问题。本节课建议利用 3 课时完成新课教学：第一课时进行共点力概念、平衡及将现实情境抽象为物理模型的教学；第二课时及第三课时是习题课，解决生活中常见的平衡问题。

2. 教材安排及地位：教材从概念上介绍共点力、共点力平衡，并从初二学习过的二力平衡入手，通过探究验证三力平衡的条件，推广到合力为零的规律。最后在两个经过抽象的情境中，利用共点力平衡的规律解决问题。

共点力平衡的条件是本节的重点。第一，共点力平衡是形成运动与相互作用观的重要知识载体，物体平衡是一种特殊条件下的特殊运动；第二，共点力平衡的条件在运动与相互作用观形成的过程中具有承上启下的作用。

【教学目标】

基于 2017 年版高中物理课程标准中物理核心素养的四个成分及其目标要求，确定本节课的教学目标为：

1. 物理观念：知道共点力平衡的条件是物体受到的合外力为 0。

2. 科学思维：①经过科学推理，能运用合成法将三力平衡问题转化为二力平衡问题；②运用正交分解法，将三力平衡问题转化为垂直方向的二力平衡问题。

3. 科学探究：通过生活中的实例，探究并理解三力平衡所满足的条件。

4. 科学态度与责任：通过列举生活中的平衡情境，激发学生的好奇心，使其体会物理对改造社会生活所起的作用，体会科学知识的应用价值。

【学习重难点】

1. 重点：①使学生了解共点力的概念；②引导学生从二力平衡的条件出发理解多力平衡的条件。

2. 难点：①使学生能从实际情境中抽象出力学模型；②使学生能理性地利用所学知识，从共点力平衡角度分析实际问题。

【学生"前概念"分析】

1. 学习特点：通过初中的学习，学生已对客观规律具有一定的感性认识，正在向理性层面过渡，观察能力、接受新知识能力较强，但用作图法准确表达及辅助思维、用语言准确地表达物理关系等能力还处于初级水平。

2. 知识准备：

① 学生在初二学习过二力平衡，在本章前几节也或多或少地接触了平衡力和相互作用力的关系的辨析；

② 学生已经学习了力的合成和分解，了解了矢量运算的基本法则，也了解了用等效思想分析受力情况的方法；

③ 在本章前几节的学习中，学生已经建立了确定研究对象的基本习惯。

3. 前概念：习惯性地从字面意义来理解物理概念，如将共点力理解为作用于同一点的力；喜欢单纯地追求穷尽题型来获得得分能力，而较少参与到对真实物理情境的抽象、分析过程中。

【教学流程设计】

① 创设情境 提出问题	② 思维加工 建立规律	③ 理解规律 明确条件	④ 应用规律 解决问题	⑤ 归纳升华 形成脉络
通过"小丑走钢丝""老鹰翱翔"、天平的平衡等真实情境引入课题	通过举例、对比建立清晰的共点力概念	通过实验探究和理论探究，深刻地认识规律，通过课堂游戏"齐心协力"感受共点力平衡。结合二力平衡理解三个力的合力为0	应用共点力平衡条件解决力学平衡问题，在解决问题的过程中体会如何使用三角函数、勾股定理等数学工具	利用共点力平衡条件解决实际问题，进行科学抽象

【教学过程】

活动	教师活动	学生活动	说明
引入课题	通过"小丑走钢丝"、"老鹰翱翔"、天平的平衡等真实情境引入课题。 	观察、思考，回答教师提出的问题	引课所使用的现实情境大部分为共点力平衡问题，而天平不平衡情境是典型的在非共点力作用下的转动模型。物理观念达到水平2，对平衡形成初步认识，能通过描绘物体的受力来解释平衡的概念

续 表

活动	教师活动	学生活动	说明
引入课题	提问： 1. 这些情境中，物体运动情况的共性是什么？ 2. 请画出这些物体所受的外力。 3. 请回答这些物体所受外力有什么共性		
共点力的概念	1. 举出两个实例，让学生画出研究对象的受力示意图，用虚线画出各力所在直线，引导学生发现各力或各力延长线交于一点。 2. 以天平不平衡状态为例，引导学生画出某时刻，天平梁的受力示意图，引导学生发现非共点力的效果	动手作图，观察、发现共点力的特点	关于平衡状态的物体在运动上体现为静止或匀速的问题，只需适当复习，不宜投入过多时间。 非共点力作用下物体平衡或转动的问题，可结合质点及实际物体讲解，但不宜投入过多时间。 物理观念达到水平2，通过画图观察，知道非共点力的意义
探究共点力平衡的条件	二力平衡是指物体在两个共点力的作用下处于平衡状态，其平衡条件是这两个力的大小相等、方向相反、作用在同一直线上，即合力为零。如果物体在三个不共线的共点力作用下平衡，那么这三个力的关系是怎样的呢？ 1. 课堂游戏"齐心协力"。教师准备两个轻质金属环，在金属环上分别套3根细线，并在黑板上相距较远的合适位置标注两个清晰的点。请6名学生上讲台，分为两组，发给每人一个弹簧测力计，并讲明游戏规则：3名学生分别将自己的弹簧测力计与绳的另一端连接，通过配合使金属环正好"套住"黑板上标注的点，并停留10秒钟，先完成的团队获胜。（10秒内教师拍照，游戏结束后投屏至大屏幕进行分析）	通过师生互动，充分了解游戏规则，在游戏中体会三力平衡的条件	本课堂游戏需要3名学生配合，并且在竞争的前提下展开，具有趣味性。此活动围绕"探究不共线的三力平衡的条件"展开，有利于活动后对平衡本质的继续探究。 为了使学生体会将多力平衡转化为二力平衡的重要思想，需要在探究活动后，从理论上提出此观点。

续 表

活动	教师活动	学生活动	说明
探究共点力平衡的条件	2. 将游戏中平衡时的清晰照片投至大屏幕，请学生上台画出圆环受力的图示。请学生观察这三个力平衡时的特点，引导学生表述。（可以有合成思维、分解思维、正交分解思维等，不要限定学生的具体方法） 齐心协力 3. 提出多力平衡可以通过合成或分解的方法，演化为二力平衡的观点		物理观念达到水平3，能在游戏过程中利用力的矢量关系进行探索，解决用圆环"套住"黑板上的标记的问题，充分体验平衡的意义
应用共点力平衡条件解决力学中平衡的难题	教师给出抽象过的物理情境，并引导学生画出受力示意图。 提问： 1. 物体处于什么状态？	利用共点力平衡的规律，动手作图，解决真实情境中的问题	本环节是在清晰的受力分析中，帮助学生体会利用等效替代的思想解决问题的过程，而不是直接强化解题思路，分题型训练。引入不同的题型进行强化训练，是习题课要做的工作，在新课教学中应注意此差异。 物理观念达到水平4，对矢量运算法则具有清晰的认识，能从力的合成或分解角度综合解决物体平衡问题

活动	教师活动	学生活动	说明
应用共点力平衡条件解决力学中平衡的难题	2. 求物体所受的两个弹力。（学生画图时教师将学生的作图过程拍照，待投影。注意找出用不同思路分析的情况） 3. 根据学生不同的解答思路进行互动、交流，过程应涉及合成、分解、正交分解等思路		
科学抽象	针对问题，确定研究对象，体会科学抽象的意义。 求解绳的张力大小。 	动手画图，从真实情境中抽象出力学模型	此过程意在培养学生科学抽象的能力。合理确定研究对象即可，不必追求完整解题 科学思维达到水平3，能在晾衣服情境中，合理地确定研究对象，对抽象后的对象用共点力平衡的方法解决问题。
研究对象的选取原则	根据解决问题的方便选择研究谁，而不限于某一个具体物体		

【教学总结】

1. 巧妙设计课堂活动，引导学生在行为上、思维上参与活动

很多课堂活动都是为引课环节或应用环节设计的，或是追求严谨的探究实验。本节课设计的"齐心协力"本身难度不大，但在两队学生竞争，且3名学生需要同时观测、判断圆环是否"套住"标记点的前提下，就具有了一定难度，需要学生现场思考以及活动后反思，便于将本节课的重点问题进行展开，深入探讨，提升学生的课堂体验。

2. 设计科学抽象环节，培养学生的科学抽象能力

科学抽象是应用物理规律分析解决实际问题的必经过程，但在教学中常常

被忽视。学生解题时常出现的审题障碍、提炼不出问题等往往是教学中忽视科学抽象所导致的。

　　本节课专门设计科学抽象环节，以求绳的拉力为例，在晾衣服情境中练习选择合适的研究对象，培养学生的科学抽象能力。

第四节　牛顿第一定律

中山市第一中学　荣　斌

【教材】

粤教版必修第一册第四章第一节。

【教学时间】

40 分钟。

【教学对象】

高中一年级学生。

【教材内容分析】

1. 课标要求：理解牛顿运动定律，能用牛顿运动定律解释生产生活中的有关现象，解决有关问题。

2. 教材地位和作用：牛顿运动定律是动力学的核心，是联系力和运动的桥梁。运动和运动的原因一直是人类探求的课题，但亚里士多德的错误观点一直是主流思想。以伽利略、笛卡尔、牛顿等为首的物理学家通过各种科学实验，并把推理演绎的方法引入近代物理，冲破了主流错误观点的压制，为人类科学的高速发展奠定了基础。

牛顿第一定律揭示了运动和力的关系，是牛顿运动定律的基础。它定义了惯性和惯性运动，明确了质量的物理内涵，为牛顿第二定律的发现创造了条件。学生在学习本节内容时，不仅掌握了运动和力的正确关系，而且学习了大科学家们推陈出新的各种手段和方法。其中科学家自身的创造性思维品质和敢于质疑、坚持真理的献身精神是培养学生核心价值观的良好素材。

【教学目标】

1. 物理观念：物理学是一门以实验为基础的自然科学。毫无疑问，"运动需要力来维持"这一观念也来自平时的生活实践，但受限于当时的认知水平和科学手段。伽利略的理想斜面实验建立在可靠的实验事实的基础上，利用推理演绎的手段突破了实际实验的限制，这是人类思想史上伟大的成就之一，标志着物理学的开端。

2. 科学探究：参与实验，体验科学探究过程，培养学生的实验操作能力和观察能力。

3. 科学思维：在实验结论的基础上，采用类比、分析、推理、演绎等思维方式对实验现象进行合理外推，揭示现象中存在的物理规律，发展学生的科学思维。

4. 科学态度与责任：通过科学发展史的学习，认识科学知识形成的曲折过程，掌握各种科学手段和思维模式，培养学生崇尚科学、敢于质疑、尊重事实、勇于探索的科学探究态度。

【学习重难点】

1. 重点：①伽利略理想实验中的逻辑思维的提炼，理解力和运动的关系；②理解牛顿第一定律，认识惯性和质量的关系。

2. 难点：①在斜面实验的基础上进行合理演绎推理；②惯性和质量的关系。

【学生"前概念"分析】

本节课的授课对象是高一学生，大部分学生积极性、主动性较强，学习热情高，有参与意识，这是在教学中发挥其主体作用的前提。在初中，他们已经学习了运动和力的基础知识，对定理、定律有着丰富的生活经验，对定律比较熟悉，都能接受定律本身，但对物理概念、定理定律本身的发展过程缺乏认识，核心素养和能力有限。这一时期的学生好奇心和接受新知识的能力都很强，可以通过生动、直观的物理实验和有趣的逻辑思维过程调动学生的学习兴趣，提升其探究欲望。

【教学流程设计】

① 创设情境 提出问题	② 思维加工 建立规律	③ 理解规律 明确条件	④ 应用规律 解决问题	⑤ 归纳升华 形成脉络
在第一、二章（运动）和第三章（力）的基础上，提出运动和力的关系的两种历史观点	通过教师引领，学生参与"理想斜面"的实验，在实验的基础上，进行合理外推，揭示运动和力的正确观念，展示概念、规律螺旋式确立的过程	理解本节光滑斜面、无限远水平面、不受力状态这三个理想化条件；认识惯性，正确区别惯性和惯性定律，理解质量和惯性的关系	展示生活实践中的各种相关情境，逐步提问，引领学生应用牛顿第一定律解决实际问题，形成科学思维	学生归纳总结，PPT演示，促进学生牛顿运动定律知识体系的形成

【教学过程】

教学环节	教师活动	学生活动	设计意图
知识回顾，提出两种历史观点，引入新课	通过前面三章的学习，我们分别掌握了运动和力的有关知识，物体的受力状态和运动状态是物体在现实中的两个基本面，物体运动和运动的原因一直是人类探求的课题。 实验：用手去推桌面上的书，桌面上的书运动起来；撤去推书的力，运动的书就停止运动了。 "维持物体运动需要力。" 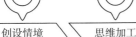 亚里士多德		

教学环节	教师活动	学生活动	设计意图
知识回顾，提出两种历史观点，引入新课	"运动不需要力来维持。" 伽利略 问题：两种观点谁更符合客观实践？这两位大学者的观点给大家什么启发？	毫无疑问，亚里士多德的观点更符合人们的生活经验，如手推车等，但受限于当时的科学知识水平：没有各种的阻力概念；伽利略的观点是正确的，一方面是科学认知水平得到了提高，另一方面是伽利略通过对科学推理方法的发现和运用有效完成了"理想斜面"实验	通过物理学史的学习，认识到物理源自生活实践，但又高于生活实践（要剥去表层的迷雾，深入其本质）
再现历史场景，突破认知局限	演示实验1："摩擦力对物体运动的影响"。（初中） 毛巾 棉布 木板 问题：描述实验现象，分析实验结果，做出合理猜想	小车在平板表面运动速度逐渐减小；表面越光滑，小车运动距离越大。猜想：摩擦力使小车减速；如果小车不受摩擦力，小车的速度保持不变。因此力是改变物体速度的原因	发展学生实验操作能力、观察能力和分析能力，培养科学探究的精神
伽利略针和单摆实验	演示实验2： 	观察实验现象，认真思考，回答问题	培养学生大胆猜想、严格求证的科学探究态度

教学环节	教师活动	学生活动	设计意图
伽利略针和单摆实验	1. 将小球拉到水平尺的一侧由静止释放，可以观察到什么实验现象？小球运动到另一侧，能到达同等高度吗？ 2. 在小球悬点 O 的正下方 F 处固定一根针，重复上述实验，碰到针后，小球能摆到相同的高度吗？ 3. 提高针的位置到 E，小球还会摆到相同的高度吗？ 总结：伽利略得到的结论是小球总能上升到原来的高度；针的位置越高，小球运动越远。 伽利略还把小球来回摆动的现象与小球在理想斜面上的运动联系在一起，从而完成了著名的"理想斜面"实验		
"理想斜面"实验之光滑斜面	演示实验3： 1. 在轨道上铺一层毛面的棉布，将小球从某一高度由静止释放，观察小球滚动到另一侧的高度。 2. 在轨道上铺一层丝绸，重复上述过程。 3. 将轨道清理干净，重复上述过程。 结论：轨道越光滑，小球在另一侧的高度越接近初始高度。 外推：轨道绝对光滑时，小球将到达与初始位置等高的位置。	观察实验现象，认真思考，合理外推	发展学生的实验操作能力、观察能力和分析能力，培养学生科学探究的精神，巩固其相关的科学探究方法和科学思维，使学生树立正确的物理实验观

教学环节	教师活动	学生活动	设计意图
"理想斜面"实验之无限水平面	演示实验4：改变对接斜面的倾角，重复演示实验3的第3步。 结论：对接斜面的倾角越小，小球运动的距离越长，最终还是到达与初始位置等高的位置。 外推：如果对接斜面变成倾角为零的水平面，小球将以恒定的速度永远运动下去		
伽利略的观点和笛卡尔的补充	伽利略总结：水平面上的物体，一旦具有某一速度，如果没有摩擦阻力，物体将保持这个速度一直运动下去。 讨论：伽利略观点的局限性是什么？ 笛卡尔（法国科学家）补充和完善了伽利略的观点：如果没有其他原因（从上下文判断就是指力），运动的物体将继续以同一速度沿着一条直线运动，既不会停下来，也不会偏离原来的方向。 笛卡尔 讨论：笛卡尔的观点在什么地方有改进？	讨论并回答：伽利略把物体的惯性运动局限在水平面上。 笛卡尔认为任意物体（不一定在平面上）在不受力的情况下做匀速直线运动（明确指出）	了解物理概念和观念产生和发展的过程
介绍、分析牛顿第一定律	牛顿（英国物理学家、数学家）在前人研究的基础上，总结出牛顿第一定律：一切物体总保持匀速直线运动状态或静止状态，直到有外力迫使它改变这种状态为止。		

续　表

教学环节	教师活动	学生活动	设计意图
介绍、分析牛顿第一定律	牛顿 讨论：牛顿第一定律包含哪些意思？或者说牛顿总结了前人的哪些研究成果？ 答：定律的前半句说明：①不受力时物体做惯性运动；②一切物体都有惯性。 定律的后半句说明：力是改变物体运动状态的原因。 问题：定律中的运动状态具体指的是什么？ 问题：惯性是一种保持物体运动状态的力吗？ 答：（1）惯性是物体的固有属性，不是力。它与力是一对矛盾：力是改变物体运动状态的原因，物体的惯性要反抗物体运动状态的改变。 （2）质量是惯性大小的量度：质量越大，惯性越大，运动状态越难改变；质量越小，惯性越小，运动状态越容易改变。 （3）惯性与物体的运动状态无关：静止的物体想保持静止；运动的物体想保持原来的速度，这些就是惯性的体现	讨论、分析并回答问题。 答：速度的大小和方向	从局部到整体，落实新课标的理念，培育学生的学科核心素养。 提升学生对运动与相互作用的关系的认识，使学生初步形成正确的运动与相互作用观
利用牛顿第一定律解决问题	1. 让学生观看汽车在安全测试过程中没系安全带和系安全带的对比视频，然后提出问题：在碰撞过程中，车子有惯性吗？系安全带是为了改变驾驶员的惯性吗？ 2. 将一个还没开过的水瓶放在书桌上，如图所示。可以观察到上面有一个小气泡，让学生先思考：当水瓶突然向前加速运动时，气泡相对水瓶向哪里运动？突然停下来呢？	思考、讨论并回答问题	注重科学论证，达成意义理解

续 表

教学环节	教师活动	学生活动	设计意图
利用牛顿第一定律解决问题			
归纳总结	展示 PPT，留出空位让学生作答。 1. 运动和力的关系： （1）亚里士多德：运动需要力来维持。 （2）伽利略和笛卡尔：运动不需要力来维持，力是改变运动状态的原因。 2. 牛顿第一定律（内容）： （1）定律的两层含义。 （2）惯性与质量	整理知识点	升华思维，建立知识结构，促进知识脉络的形成

【教学总结】

本节课利用类似于亚里士多德和伽利略争论的实验，一开始就抓住了学生的好奇心理，吸引了学生的注意力；在教学过程中，以赋予学生角色的方式，使学生自主地参与到两大科学家的争论当中，极大地激发了学生的兴趣。

教学环节的设置符合学生的思维方式和步骤，能够很好地抓住学生的好奇心，激发学生自主学习的兴趣。在对"阻力对物体运动的影响"进行探究时，可以先引导学生思考——小车在水平木板上前进的距离与哪些因素有关？并提供实验器材，让学生能够在实际操作中先归纳，在已有的知识水平基础上总结，激发学生的学习兴趣，让学生在学习的过程中体验成功的喜悦。

课堂教学中要更加注重学生对知识的理解和掌握，因为在实际生活中，牛顿第一定律成立的条件是不存在的，因此需要学生具有一定的抽象思维。通过实验探究和总结得出牛顿第一定律以后，再引导学生弄清定律中的"一切物体""不受力的作用""静止或匀速直线运动"等关键性词语，把握定律的适用对象、成立条件以及相应现象等，提升学生的学习效果。

在课堂上要突出以学生为主体，以教师为主导的教学理念；要对学生放心，不怕他们出错；在教学过程中教师要少讲，学生要多动手、多思考，真正做到让学生动起来；注重培养学生的自主学习能力和团队合作精神，充分发挥学生的主观能动性，促成课堂生成。

第五节　万有引力理论的成就

潮州高级中学　段 红

【教材】

人教版必修第二册第六章第四节。

【教学时间】

40 分钟。

【教学对象】

高中一年级学生。

【教材内容分析】

1. 课标要求：理解"计算天体质量"的基本思路，掌握运用万有引力定律和圆周运动知识分析天体运动问题的思路。

2. 教材地位和作用：本节内容是万有引力定律的应用，即"计算天体的质量""发现未知天体"。教材首先通过理论推导，给出了一种应用万有引力定律解决问题的思路与方法——称量地球的质量；又以计算太阳质量为例，给出了第二种运用万有引力定律计算天体质量的思路与方法，体现了科学定律的普适性；最后，从科学史的角度，简要介绍了发现海王星和成功预测哈雷彗星的过程，显示了万有引力理论的巨大成就。

【教学目标】

1. 物理观念：①理解并运用万有引力定律处理天体问题的思路和方法；

②了解万有引力定律在天文学上的重要应用。

2. 科学探究：体会科学定律对人类探索未知世界的作用。

3. 科学思维：通过经历理论推导的过程，掌握综合运用万有引力定律和圆周运动相关知识计算天体质量的两种基本思路和方法，锻炼建模能力、推理能力和归纳能力。

4. 科学态度与责任：体会科学定律对人类认识自然的重要性。

【学习重难点】

1. 重点：运用万有引力定律和圆周运动公式计算天体的质量。

2. 难点：在具体的天体运动中应用万有引力定律解决问题。

【学生"前概念"分析】

通过前面三节的学习，学生对天体的运动已经有了一定的认识，对万有引力的概念也已经比较熟悉，积累了一定的经验，教师需要引导学生将所学知识应用到天文学中去。

【教学流程设计】

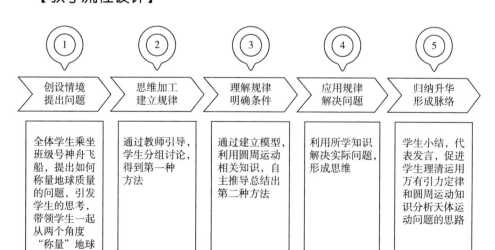

① 创设情境 提出问题	② 思维加工 建立规律	③ 理解规律 明确条件	④ 应用规律 解决问题	⑤ 归纳升华 形成脉络
全体学生乘坐班级号神舟飞船，提出如何称量地球质量的问题，引发学生的思考，带领学生一起从两个角度"称量"地球质量	通过教师引导，学生分组讨论，得到第一种方法	通过建立模型，利用圆周运动相关知识，自主推导总结出第二种方法	利用所学知识解决实际问题，形成思维	学生小结，代表发言，促进学生理清运用万有引力定律和圆周运动知识分析天体运动问题的思路

【教学过程】

教学环节	教师活动	学生活动	设计意图
情境回顾	上节我们学习了万有引力定律的有关知识,现在请同学们回忆一下,万有引力定律的内容及公式是什么?公式中的 G 又是什么? G 的测定是谁完成的?	思考并回答上述问题	引出称量地球质量的问题
新课引入	播放曹冲称象以及现代称量设备的图片,动画演示八大行星绕太阳运动的动画,提出如何称量地球质量的问题。 阿基米德在研究杠杆原理后,曾经说过一句名言: "给我一个支点,我可以撬动地球。" 如何称量地球的质量? 创设情境:设地面附近的重力加速度 g 取 9.8m/s^2 ,地球半径 $R = 6.4 \times 10^6 m$,引力常量 $G = 6.67 \times 10^{-11}\text{N} \cdot \text{m}^2/\text{kg}^2$,试估算地球的质量。 分析:若不考虑地球自转的影响,地面上质量为 m 的物理所受重力等于地球对物体的万有引力,即 $mg = GMm/R^2$,其中 M 是地球的质量, R 是地球的半径,于是有 $M = gR^2/G$,重力加速度 g 和地球的半径 R 在卡文迪许之前就知道了,一旦测得引力常量 G ,就可以算出地球质量。因此卡文迪许把自己的实验室称为"称量地球质量"的实验室是有道理的	推导地球质量的表达式,在练习本上进行定量计算,估算出地球的质量	通过创设情境,引导学生定量计算,进一步认识引力常量的重要性和万有引力定律的重要作用,总结出求天体质量的方法一:重力加速度法

续 表

教学环节	教师活动	学生活动	设计意图
合作探究	创设情境，实现飞天的梦想： 时间：现在 地点：酒泉卫星发射中心 事件：班级神舟号载人航天飞船执行探索地球的任务 宇航员：在座的全体同学 **Are—you—ready? Let's—go!** 任务1：班级神舟号飞船进入预定轨道绕地球运行。 思考与讨论： 若测出飞船的运行周期 T，轨道半径为 r，能否由此求出地球的质量 M？ 应用天体运动的动力学方程——万有引力充当向心力，即 $F_引 = F_向$。 任务2：利用班级神舟号飞船计算地球的质量。 思考与讨论： 1. 应用万有引力定律求解天体质量的基本思路是什么？ 2. 求解天体质量方程的依据是什么？ 归纳总结： 1. 应用万有引力定律求解天体质量的基本思路：根据环绕天体的运动情况，求出其向心加速度，然后根据万有引力充当向心力，进而列方程求解。 2. 天体之间存在着相互作用的万有引力，而行星都在绕恒星做近似圆周的运动，而物体做圆周运动的向心力是由万有引力充当的，这就是求解中心天体质量列方程的依据。	1. 先独立思考，然后小组内交流讨论并发表见解。 2. 从以上各式的推导过程可知，利用此法只能求出中心天体的质量，而不能求环绕天体的质量，因为环绕天体的质量同时出现在方程的两边，已被约掉	总结出求天体质量的方法二：环绕法

续 表

教学环节	教师活动	学生活动	设计意图
合作探究	 利用 $F_引 = F_向$： （1）由 $G\dfrac{Mm}{r^2} = m\left(\dfrac{2\pi}{T}\right)^2 r$ 得 $M = \dfrac{4\pi^2 r^3}{GT^2}$。 （2）由 $G\dfrac{Mm}{r^2} = m\dfrac{v^2}{r}$ 得 $M = \dfrac{rv^2}{G}$。 （3）由 $G\dfrac{Mm}{r^2} = m\omega^2 r$ 得 $M = \dfrac{\omega^2 r^3}{G}$。		
学生体验，加深认识	创设情境： 已知地球的一颗人造卫星的运行周期为 T，轨道半径为 r，地球的半径 R，求地球密度。 知识拓展： 1. 当卫星在行星表面做近地运行时，可近似认为 $R = r$，密度的表达式是什么？ 2. 不同行星与太阳的距离 r 和绕太阳公转的周期 T 都是不同的，但是由不同行星的 r、T 计算出来的太阳质量必须是一样的，这个公式能保证这一点吗？	知道为什么以及如何对行星的运动做近似处理	得出求中心天体密度的思路，培养科学探究的精神
实际运用，发现未知天体	人们在长期的观察中发现天王星的实际运行轨道与应用万有引力定律计算出的轨道总存在一定的偏差，所以怀疑在天王星周围还可能存在行星，然后应用万有引力定律，结合对天王星的观测资料，计算出了另一颗行星的轨道，后来在计算的位置观察到了新的行星。 万有引力定律的发现，对天文学的发展起到了积极的作用，用它可以计算天体的质量，还可以发现未知天体	了解海王星的发现历史	体会万有引力定律对人类探索未知天体的作用，激起学生对科学探究的兴趣，培养学生热爱科学的情感

教学环节	教师活动	学生活动	设计意图
归纳总结	计算天体的质量，引导学生得到第一种方法计算天体质量的规律：地面上物体的重力等于地球对物体的引力，即 $mg = G\dfrac{Mm}{R^2}$，得到 $M = \dfrac{gR^2}{G}$。 1. 若已知行星或卫星绕中心天体做匀速圆周运动的轨道半径 r 和运行周期 T，由 $G\dfrac{Mm}{r^2} = m\dfrac{4\pi^2}{T^2}$ 解得中心天体的质量，进一步对这种方法进行延伸和拓展。 2. 若已知行星或卫星绕中心天体做匀速圆周运动的轨道半径为 r 和运行的线速度为 v，由 $G\dfrac{Mm}{r^2} = m\dfrac{v^2}{r}$ 解得中心天体的质量。 3. 若已知行星或卫星绕中心天体做匀速圆周运动的轨道半径为 r 和运行的角速度为 ω，由 $G\dfrac{Mm}{r^2} = m\omega^2 r$ 解得中心天体的质量。	思考，回答，记忆	升华思维，建立知识结构，促进知识脉络的形成

【教学总结】

　　本节课要求学生理解万有引力理论的巨大作用和价值，体会万有引力定律接受实践的检验，在教学过程中通过创设情境，建立物理模型，引导学生自主完成合作探究所给的任务"称量地球的质量"，理清运用万有引力定律和圆周运动知识分析天体运动问题的思路。

第六节　宇宙航行

潮州市潮安区凤塘中学　洪胜雄

【教材】

人教版必修第二册第七章第四节。

【教学时间】

40 分钟。

【教学对象】

高中一年级学生。

【教学内容分析】

1. 课标要求：《普通高中物理课程标准（2017 年版 2020 年修订）》要求，通过对行星运动规律和相对论的学习，认识到科学研究包含大胆的想象和创新，科学理论既具有相对稳定性，又是不断发展的，人类对自然的探索永无止境。培养学生探索自然、造福人类的意识。

2. 教材地位和作用：《宇宙航行》是普通高中教科书物理必修第二册第七章第 4 节的内容，属于课程标准中"力和运动"的模块。本节是在学生学了圆周运动、万有引力定律并初步体会了应用定律测量天体质量的基础上学习的，主要研究如何利用力和运动的关系实现卫星的成功发射，并结合匀速圆周运动的规律及万有引力定律总结卫星运行的参数特点，让学生认识万有引力理论在人类航天事业发展、探索宇宙空间中所做出的重大贡献，深刻体会物理知识对科技发展做出的贡献。

【教学目标】

1. 物理观念：树立宇宙太空运动观念，知道三个宇宙速度的含义，会推导第一宇宙速度，了解人造卫星发射的过程和原理。

2. 科学思维：通过牛顿对卫星设想的动画演示，体验、学会建立匀速圆周运动模型，推导第一宇宙速度，理解第一宇宙速度的物理含义；了解第二和第三宇宙速度的数值及含义，并感受人类对客观世界不断探究的精神和情感。

3. 科学态度和价值：通过视频资料及网络资源了解近地卫星、地球同步卫星，尝试利用所学的知识分析卫星的运行特点，激发探索未知事物的兴趣，树立为我国航天事业发展而努力奋斗的信念。

【学习重难点】

1. 重点：卫星做匀速圆周运动时，运动参量的推导与应用。

2. 难点：理解第一宇宙速度的含义、人造卫星处理方法——绕地球的"匀速圆周运动"模型。

【学生"前概念"分析】

大部分学生已经掌握了如何计算万有引力，并知道物体做匀速圆周运动的受力特征，熟悉了用线速度、角速度、周期表示的向心力表达式，知道忽略地球自转时重力与万有引力的关系，且对卫星发射、同步卫星、探索宇宙奥秘有浓厚兴趣。学生对建立运动模型，动脑分析深层次问题还不够积极主动，表述时还缺乏逻辑性和严谨性，对于讨论物理量之间的联系还做不到准确无误，认识问题容易表面化。

【教学流程设计】

1 创设情境	2 思维加工	3 理解规律	4 应用规律	5 归纳升华
通过图片视频激发学生探索未知事物的兴趣，树立为我国航天事业发展而努力奋斗的信念	通过教师引领，学生建立匀速圆周运动模型，利用合外力等于向心力列方程求解；从万有引力与重力关系的角度思考如何求出最小发射速度；总结第一宇宙速度及计算方法	体验、学会建立匀速圆周运动模型，推导第一宇宙速度，理解第一宇宙速度的物理含义	总结卫星做匀速圆周运动时的运动规律：高轨低速周期长或轨道越高，卫星运行越慢	应用规律解决实际问题，并总结解决问题的一般思路和方法

【教学过程】

教学过程			
教学环节和内容	师生活动	核心素养	设计意图
（一）创设情境 活动一：观看图片，感受宇宙之美，产生对探索宇宙，掌握卫星运动规律的兴趣	图片：星空、飞天、太空行走，以人类对宇宙的向往及如今梦想实现来引出课题。 活动1：宇宙速度。 牛顿对人造卫星的设想。 由生活经验得到物体平抛的初速度越大，被扔出得越远。 视频：牛顿设想，站在高山，以更大的速度将物体抛出，物体的轨迹在地面的投影为地球的一段圆弧。速度越大，对应的圆弧越大，速度大于某一值时，物体应该绕地球表面飞行，不落向地面。 设问1：此时物体的受力与运动有怎样的关系？ 学生活动：观察、思考、推理，对物体的受力与运动进行分析，建立绕地球的匀速圆周运动模型	激发学生探索未知事物的兴趣，使其树立为我国航天事业发展而努力奋斗的信念	激发学生的学习兴趣，使其感受自然和谐之美，感受人类实现梦想的自豪感

教学过程			
教学环节和内容	师生活动	核心素养	设计意图
（二）理论探究活动二：建立匀速圆周运动模型，利用合外力等于向心力列方程求解；从万有引力与重力关系的角度思考如何求出最小发射速度；总结第一宇宙速度的两种计算方法	第一宇宙速度的计算与含义： 设问2：你能计算出使物体不再下落，恰好绕着地球飞行的最小发射速度吗？ 鼓励学生用不同的方法计算最小发射速度。 设地球的质量为 $m_{地}$，物体的质量为 m，速度为 v，它到地心的距离为 r。 （1）环绕法：万有引力提供物体做圆周运动的向心力。 $$G\frac{mm_{地}}{r^2}=m\frac{v^2}{r}$$ 由此解出 $v=\sqrt{\dfrac{Gm_{地}}{r}}$ 只要知道地球的质量 $m_{地}$ 和物体做圆周运动的轨道半径 r，就可以求出物体绕行速度的大小。已知地球质量为 $5.98\times10^{24}\text{kg}$，近地卫星在 $100\sim200\text{km}$ 的高度飞行，远小于地球半径（6400km），可以近似用地球半径 R 代替卫星到地心的距离 r。 把数据代入上式后算出 $v=7.9\text{km/s}$。 （2）拱桥法：当支持力为0时，重力提供物体做圆周运动的向心力。 指向圆心的力－背向圆心的力＝向心力 $$mg-F_N=m\frac{v^2}{r}$$ 当力 $F_N=0$ 时得 $mg=m\dfrac{v^2}{r}$ 由此解出 $v=\sqrt{gR}$，把数据代进去 $v=\sqrt{9.8\times6400}=7.9\text{km/s}$。 两种计算方法得出的数值是一样的。 （3）播放视频：第一颗人造卫星成功发射。	体验，学会建立"匀速圆周运动模型"，推导第一宇宙速度，理解第一宇宙速度的物理含义。	培养学生对常见现象深入思考的能力，培养分析物理问题，建立物理模型的意识。

续 表

	教学过程		
教学环节和内容	师生活动	核心素养	设计意图
（三）形成规律 活动三：思考，交流，倾听。形成思维碰撞，通过教师的引导，学生间相互补充，尝试用圆周运动中力的供需关系解释卫星运动的轨迹。了解第二宇宙速度和第三宇宙速度的含义	1. 第一宇宙速度（环绕）：$v_1 = 7.9\text{km/s}$。 注意这里是刚好贴着地面飞行，地面附近存在大量空气，会有空气阻力等阻碍因素，所以卫星不可能只在这个高度的轨道上飞行，一般会在一个更高的轨道飞行。 思考：想到达更高的轨道飞行，怎么办呢？ （播放动图）这个速度卫星只能达到这里，要想更高，就需要更大的速度。换个角度来看好，如竖直上抛运动，以比较小的 7.9km/s 速度发射，刚好达到 A 点这个平面，要到达 B 点这个平面，那速度就要更大一些。如果速度小于 7.9km/s，卫星够不着 A 这个平面，那就会掉回地面。所以 7.9km/s 为卫星的最小发射速度。 根据开普勒第二定律，我们知道物体在靠近中心天体的点速度最大，在远离中心天体的点速度最小。所以是 $v_甲 > v_乙$。但是甲乙两个点同时是正圆轨道上的点，这样再看还是 $v_甲 > v_乙$，所以轨道低的速度大，最低的轨道就是贴着地面的轨道，这个轨道上的速度是 7.9km/s。所以 7.9km/s 是	进一步认识卫星做匀速圆周运动的规律，为后续地球同步卫星的学习做铺垫，同时锻炼学生归纳总结、简洁表述的能力	引导学生进行规律总结，通过该环节，让学生在面对书中的结论时学会深入思考，发展学生思维的深刻性，激发学生的探究欲望，并通过讨论进一步加深其对力和运动关系的认识。通过动画形象生动地表现三个宇宙速度下物体的运动，使学生印象深刻

教学过程			
教学环节和内容	师生活动	核心素养	设计意图
（三）形成规律活动三：思考，交流，倾听。形成思维碰撞，通过教师的引导，学生间相互补充，尝试用圆周运动中力的供需关系解释卫星运动的轨迹。了解第二宇宙速度和第三宇宙速度的含义	卫星的最大环绕速度。 地球引力像一根无形的"绳子"，牵引着月球和人造地球卫星环绕地球转动。在地面附近发射飞行器，如果速度等于7.9km/s，这一飞行器只能围绕地球做圆周运动，还不能脱离地球引力的束缚，飞离地球实现星际航行。 问题：如果速度继续增大，物体将会怎样？ 理论研究指出，在地面附近发射飞行器，如果速度大于7.9km/s，又小于11.2km/s，它绕地球运行的轨迹就不是圆，而是椭圆。当飞行器的速度等于或大于11.2km/s时，它就会克服地球的引力，永远离开地球。 2. 第二宇宙速度（脱离）：$v_2 = 11.2$km/s，使卫星挣脱地球的束缚，成为绕太阳运行的人造行星的最小发射速度。达到第二宇宙速度的飞行器还无法脱离太阳对它的引力。在地面附近发射飞行器，如果要使其挣脱太阳引力的束缚，飞到太阳系外，必须使它的速度等于或大于16.7km/s，这个速度叫作第三宇宙速度。 3. 第三宇宙速度（逃逸）：$v_3 = 16.7$km/s，使卫星挣脱太阳引力的束缚，飞到太阳系外的最小发射速度。 这三个宇宙速度都是相对地心的，把三个宇宙速度放在一起比较。 11.2km/s$> v > 7.9$km/s		

续 表

	教学过程		
教学环节和内容	师生活动	核心素养	设计意图
（四）应用总结 活动四：学以致用，总结卫星做匀速圆周运动时的运动规律	活动2：卫星的运行。 由 $G\dfrac{mm_{地}}{r^2}=m\dfrac{v^2}{r}$，得 $v=\sqrt{\dfrac{Gm_{地}}{r}}\propto\sqrt{\dfrac{1}{r}}$，轨道半径越大，速度越小。 同理由 $G\dfrac{mm_{地}}{r^2}=m\omega^2 r$，得 $\omega=\sqrt{\dfrac{Gm_{地}}{r^3}}\propto\sqrt{\dfrac{1}{r^3}}$，轨道半径越大，角速度越小。 同理由 $G\dfrac{mm_{地}}{r^2}=m\dfrac{4\pi^2}{T^2}r$，得 $T=2\pi\sqrt{\dfrac{r^3}{Gm_{地}}}\propto\sqrt{r^3}$，轨道半径越大，周期越大。 同理由 $G\dfrac{mm_{地}}{r^2}=ma$，得 $a=\dfrac{Gm_{地}}{r^2}\propto\dfrac{1}{r^2}$，轨道半径越大，加速度越小。 由以上公式可知：随着卫星运行轨道半径的增大，其线速度、角速度和向心加速度逐渐减小，周期逐渐增大。所以结论为高轨低速长周期。这里的速就包括线速度、角速度和向心加速度。 活动3：人造地球卫星。 牛顿虽然早就预言了人造地球卫星，但因发射需达到很大的速度，所以直到多级火箭研制成功，才为人造地球卫星的发射创造了条件。 出示图片：第一颗人造地球卫星。 1957年10月，苏联发射第一颗人造地球卫星，开创了人类航天时代的新纪元。 1970年4月24日，我国第一颗人造地球卫星"东方红一号"发射成功，开创了中国航天史的新纪元。	通过视频资料及网络资源了解近地卫星、地球同步卫星，尝试利用所学的知识分析卫星的运行特点。激发学生的民族自豪感，客观认识我国与发达国家在航天事业上的差距，树立为我国航天事业发展作出贡献的信念	通过学生的交流互动，教师的质疑启发，认识同步卫星的轨道只能与赤道共面的必要性，进一步理解卫星在圆轨道上稳定运行时，必定满足万有引力＝向心力

教学过程			
教学环节和内容	师生活动	核心素养	设计意图
（四）应用总结 活动四：学以致用，总结卫星匀速圆周运动时的运动规律	出示图片："东方红一号"人造地球卫星。 出示图片：科学家钱学森。 科学家钱学森被誉为"中国航天之父"为我国航天事业做出了特殊贡献。 出示图片：地球上卫星。 目前在轨有效运行的卫星有上千颗，其中，通信、导航、气象等卫星已极大地改变了人类的生活。 1. 地球同步卫星。 地球同步卫星位于赤道上方约36000km处，因相对地面静止，也称静止卫星。 2. 特点。 周期一定：$T = 24\text{h} = 86400\text{s}$；角速度一定：相对于地面静止；轨道一定：同步卫星轨道必须在赤道上空；高度一定：高度约 36000km；速率一定；加速度一定。 注意：月球不是地球的同步卫星。 活动 4：载人航天与太空探索。 出示图片：苏联航天员加加林。 1961 年 4 月 12 日，苏联航天员加加林进入了东方一号载人飞船，实现了人类进入太空的梦想。 出示图片：阿波罗 11 号飞船登月。 美国当地时间 1969 年 7 月 16 日 9 时 32 分，运载阿波罗 11 号飞船的土星 5 号火箭在美国卡纳维拉尔角点火升空，拉开了人类登月这一伟大历史事件的帷幕。 7 月 20 日晚上 10 时 56 分，指挥长阿姆斯特朗踏上月面并说出了那句载入史册的名言："对个人来说，这不过是小小的一步，但对人类而言，却是巨大的飞跃。" 出示图片：人类在月球上留下了自己的足迹。		

续 表

	教学过程		
教学环节和内容	师生活动	核心素养	设计意图
（四）应用总结活动四：学以致用，总结卫星匀速圆周运动时的运动规律	（1）我国的航天成就。 出示图片：我国第一颗人造卫星。 1970 年 4 月 24 日我国第一颗人造卫星升空。 出示图片：嫦娥一号。 2007 年 10 月 24 日嫦娥一号月球探测器发射成功。 出示图片：嫦娥二号。 2010 年 10 月 1 日嫦娥二号顺利发射。 出示图片：嫦娥三号。 2013 年 12 月 2 日嫦娥三号探测器进入太空。 出示图片：神舟五号。 2003 年 10 月 15 日中国第一位航天员杨利伟搭载神舟五号飞船升空。 出示图片：神舟六号。 2005 年 10 月 12 日费俊龙、聂海胜搭载神舟六号飞船升空。 出示图片：神舟七号 2008 年 9 月 25 日翟志刚、刘伯明、景海鹏搭载神舟七号飞船升空。 出示图片：神舟九号。 2012 年 6 月 16 日景海鹏、刘洋、刘旺、搭载神舟九号飞船升空。 出示图片：神舟十号。 2013 年 6 月 11 日神舟十号发射成功。 出示图片：聂海胜、张晓光、王亚平。 除了载人航天工程，我国还在许多方面进行着太空探索。 2013 年 6 月，神舟十号分别完成与天宫一号空间站的手动和自动交会对接；2016 年 10 月 19 日，神舟十一号完成与天宫二号空间站的自动交会对接。2017 年 4 月 20 日，我国又发射了货运飞船天舟一号，入轨后与天宫二号空间站进行自动交会对接、自主快速交会对接等三次交会对接及多项实验。		

续 表

教学环节和内容	师生活动	核心素养	设计意图
（四）应用总结 活动四：学以致用，总结卫星匀速圆周运动时的运动规律	（2）航天事业改变着人类的生活。 阅读课文了解航天事业对人类的生活有哪些改变。 20世纪人类伟大的创举之一是开拓了太空这一全新的活动领域。通过卫星实现越洋通话、实时收看世界各地发来的电视新闻，已经成了人们生活的一部分；电视台天气预报节目中的卫星云图已使我们充分感受到气象卫星的威力；卫星对地观测技术将对我国西部开发的整体规划和监控发挥重要作用。 我国通过返回式卫星搭载稻种培育的高产稻"航育一号"已经大面积推广，人类已经开始享用太空育种的优良农产品。 （3）科学漫步黑洞。 阅读课文说一说黑洞的含义。 质量非常大，半径又非常小，其逃逸速度非常大，以 3×10^8 m/s 的速度传播的光都不能逃逸，即使它确实在发光，光也不能进入太空，我们也根本看不到它。 对于一个质量为 m 的球状物体，当其半径 R 不大于 $2Gm/c^2$ 时这种天体称为黑洞		
（五）课堂小结	1. 三个宇宙速度。 第一宇宙速度 $v_1 = 7.9$ km/s，第二宇宙速度 $v_2 = 11.2$ km/s，第三宇宙速度 $v_3 = 16.7$ km/s。 2. 第一宇宙速度是最小的发射速度，最大的运行速度。 3. 人造同步地球卫星。 人造地球卫星是相对于地面静止，公转周期和地球自转周期相同的卫星。		

续 表

教学过程			
教学环节和内容	师生活动	核心素养	设计意图
（五）课堂小结	4. a_n、v、ω、T 分别与其轨道半径 r 的关系： $G\dfrac{Mm}{r^2}=\begin{cases} ma_n & a_n=\dfrac{GM}{r^2}，r 越大，a_n 越小 \\[2mm] m\dfrac{v^2}{r} & v=\sqrt{\dfrac{GM}{r}}，r 越大，v 越小 \\[2mm] mr\omega^2 & \omega=\sqrt{\dfrac{GM}{r^3}}，r 越大，\omega 越小 \\[2mm] m\dfrac{4\pi^2}{T^2}r & T=2\pi\sqrt{\dfrac{r^3}{GM}}，r 越大，T 越小 \end{cases}$		

【教学总结】

1. 解决问题的基本工具

学生已经学习过平抛运动、匀速圆周运动、万有引力定律等基本理论，具备了解决问题的基本工具。难就难在对人造卫星原理的理解，因此在教学过程中把该原理分散在各个环节中，降低困难的坡度，让学生能够通过自己的分析研究来掌握获取相关的知识和方法。

2. 求解第一宇宙速度的方法和求解天体质量的方法相对应

本设计中给出两种求解第一宇宙速度的方法，和前面求解天体质量的两种方法相对应。对于宇宙速度，比较难讲清楚的是发射速度和环绕速度。因此教学中补上卫星的运行规律，让学生从"发射速度越大，卫星发射越高，卫星越高，环绕速度越小"体会两者的区别。

第七节　闭合电路的欧姆定律

中山市第一中学　张建军

【教材】

粤教版必修第三册第四章第二节。

【教学时间】

40 分钟。

【教学对象】

高中二年级学生。

【教材内容分析】

1. 课标要求：知道闭合电路的欧姆定律。知道电源的电动势和内阻。观察常见电源，阅读说明书了解它们的主要特点。知道电池对环境的影响。

2. 教材地位和作用：探究闭合电路的欧姆定律这节课是在学生已经掌握了部分电路欧姆定律的基础上进一步深入研究学习。这节课以探究闭合电路欧姆定律为知识载体，以探究实验为中介，让学生了解电源的两个重要参数——电动势和内阻，并理解闭合回路中电流与电动势、电阻之间的关系，在这个过程中培养学生的探索精神、逻辑推理能力、变向思维能力，使学生的知识、能力和价值观都得以发展，为其终身学习奠定基础。

【教学目标】

1. 物理观念：物理学是一门以实验为基础的自然科学，掌握实验操作能力和分析能力是物理学科素养的基本要求。

2. 科学探究：参与实验，体验科学探究过程，培养学生的实验操作能力和观察能力。

3. 科学思维：通过教学示范，激发学生的求知欲，培养学生的探索精神和科学推理的物理思维品质；通过能力训练，培养学生创造性学习的思维品质，使学生能够变换、创设问题，从中理性地体会物理思维方法；通过探究实验，培养学生实事求是、尊重客观规律的科学态度。

4. 科学态度与责任：①通过具体实验，体会探究物理规律的科学思路和方法；②通过电路问题的分析，感悟逻辑推理的方法。

【学习重、难点】

1. 重点：电动势的概念，闭合电路欧姆定律的内容及其理解。
2. 难点：电动势的概念。

【学生"前概念"分析】

学生在学习本节之前已经掌握了部分电路的欧姆定律，而闭合电路的欧姆定律涉及的电动势、内阻等概念是第一次接触。我们可以利用学生头脑里已有的概念——电压、电阻来作为电动势、内阻的知识生长点，使学生实现知识的同化和顺应。关于闭合电路的欧姆定律的掌握需要学生对闭合电路的电流、电动势、电压、电阻之间的关系进行实验探究和科学推理。对于高二年级的学生，他们的认知能力接近成熟，能运用形式逻辑的推理方式去思考和解决问题，可以进行独立探究活动和自主研究性学习。

【教学流程设计】

1	2	3	4
创设情境 提出问题	运用科学 思维方法	分析推导 结果	归纳升华
通过大电池和小灯泡并联的亮度变化，引导学生思考影响灯泡亮度的缘由	利用能量转换的观点，推导闭合电路中各部分能量的转化	通过理论推导结果，分析闭合电路的电压特点、闭合电路的能量特点，引出电源的伏安特性线	应用结果分析实际问题

【教学过程】

程序设计	学习内容	教师活动	学生活动	设计意图
新课导入	创设情境	教师提问：电压为 12V 的电源与额定电压为 3V 的小灯泡连接后，结果小灯泡发光较暗的原因是什么？ 大电池	观察，思考，猜想	激发学生的学习兴趣
进一步观察实验现象		通过演示实际搭建的电路实验板，当完全相同灯泡越并越多时，学生实际观察到的灯泡亮度变化和之前猜测的灯泡亮度变化是否一致。 倾听部分学生的交流，整理学生的回答。	观察，交流，回答问题	激发学生的认知冲突后，引导学生进行猜测并尝试解释

续 表

程序设计	学习内容	教师活动	学生活动	设计意图
展示电路图，明确基本的概念，思考与讨论闭合电路中电源内部、电源外部电路中电势的变化情况	认识闭合电路	1. 闭合电路由内电路和外电路组成。 2. 描述外电路的物理量。 3. 描述内电路的物理量。 外电路 R E S 内电路	回答下列问题。 外电阻：外电路的总电阻。 内电阻：内电路的电阻，通常称为电源的内阻。 外电路：电源外部的电路，包括用电器、导线等。 内电路：电源内部的电路。 外电压：外电路两端的电压。 内电压：电源内部的电压	掌握内外电路的各部分名称
	讨论闭合电路的能量转化	1. 在时间 t 内外电路中有多少电能转化为热能？ 2. 当电流通过内电路时，也有一部分电能转化为热能，转化的热能是多少？ 3. 电流流经电源时，在时间 t 内非静电力做多少功？获得电能多少？ 4. 在闭合电路中消耗的电能与获得的电能有怎样的关系？	讨论闭合电路的能量转化。学生独立完成推导。 小组讨论、展示、补充	非静电力做功对学生来说，理解较困难，教师与学生一起进行电路分析，帮助学生化解困惑
	分析总结闭合电路的欧姆定律	先通过实验得出大致的结论，然后引导学生用欧姆定律比较得出闭合电路欧姆定律的内容。 A D B	1. 内容：闭合电路的电流与电源的电动势成正比，与内、外电路的电阻之和成反比。 2. 公式：$I = E/(R+r)$。	

续 表

程序设计	学习内容	教师活动	学生活动	设计意图
展示电路图，明确基本的概念，思考与讨论闭合电路中电源内部、电源外部电路中电势的变化情况	分析总结闭合电路的欧姆定律	在外电路中，沿电流方向电势降低。在内电路中，一方面，存在内阻，沿电流方向电势也降低；另一方面，沿电流方向存在电势"跃升"——BC 和 DA 化学反应层	3. 适用范围：纯电阻电路。说明、推导出常用公式及适用条件。 4. 理解电源内部的电势变化情况	
	分析灯泡的亮度变化		试通过关系式 $I = E/(R+r)$ 和 $U = E - Ir$ 分析该问题	
知识应用		实例分析1： 思考：当滑动变阻器的滑片由 a 向 b 移动时，安培表和伏特表示数如何变化？ 实例分析2： 思考：滑片从 a 滑到 b 电压表和电流表的示数如何变化？	思考，分析，回答问题	

135

程序设计	学习内容	教师活动	学生活动	设计意图
知识应用	实例分析3： 思考：开关 K 由开到合，电压表和电流表的示数如何变化？			
电源伏安特性线引入	表达式：$U_外 = E - Ir$。 1. 纵坐标截距等于电源电动势。 2. 横坐标截距等于 $I_短 = E/r$。 3. 斜率绝对值等于电源内阻，内阻越大，图线倾斜得越厉害			
板书设计	§2.6 闭合电路的欧姆定律 闭合电路的欧姆定律 $\begin{cases} 闭合电路的组成 \begin{cases} 内电路 \\ 外电路 \end{cases} \\ 闭合电路的能量转化 \begin{cases} 获得电能：W_非 = Eq = EIt \\ 消耗的电能：\begin{cases} Q_内 = I^2 rt \\ Q_外 = I^2 Rt \end{cases} \end{cases} \end{cases}$ 闭合电路的欧姆定律：$I = \dfrac{E}{R + r}$			

【教学总结】

本课教学中用到的实验具有安全性和可操作性，电学实验可充分发掘学生的好动性、探知性，从学生特有的探究角度去思考问题，有效地发挥学生的个性，并使学生的创新能力得到拓展。同时通过实验的操作，提高学生的生活用电安全意识。本课教学能充分联系生活实际，培养了学生的知识综合应用能力，如电源的短路问题、生活用电中电灯的亮度变化问题等本课与生活紧密联系，学生在学习基础知识的同时，对于生活中的相关现象有了更深层次的理解，这些可以很好地培养学生理论联系实际、从物理走向生活的科学态度。在动态电路的分析过程中，可以让学生寻找内外电压的影响因素，分析电表的示数变化，培养学生分析问题、解决问题的能力，让学生学以致用。

第八节　探究感应电流的产生条件

中山纪念中学　杨立楠

【教材】

粤教版选修3－2第四章第二节。

【教学时间】

40分钟。

【教学对象】

高中二年级学生。

【教学内容分析】

1. 课标要求：能用产生感应电流的条件分析闭合电路中是否有感应电流。

2. 教材地位和作用：本节课为高中物理电磁感应内容的基础，学生掌握了如何判断闭合回路中是否有感应电流，才能继续分析感应电流的方向及进行大小的计算。

【教学目标】

1. 物理观念：经历各种实验现象，学会通过现象，分析、归纳事物本质特征的科学思想方法；认识实验观察能力与逻辑思维能力在科学探究过程中的重要作用。

2. 科学思维：经历感应电流产生条件的探究活动，提高学生分析、论证的能力。

3. 科学探究：通过探究实验，让学生理解产生感应电流的条件。

4. 科学态度与责任：激发学生的好奇心，使其体会学习物理的乐趣。

【学习重难点】

1. 重点：闭合回路产生感应电流的条件。

2. 难点：磁通量的变化。

【学生"前概念"分析】

学生已经学习了磁通量，本节课可以带着学生重新复习磁通量的概念及如何使磁通量发生变化。学生在初中已经知道利用磁场可以磁生电，在此基础上学习如何利用磁场产生感应电流。

【教学流程设计】

【教学过程】

教学环节	教师活动	学生活动	设计意图
演示实验1	导体棒切割磁感线： 	观察电流表的变化	通过实验现象，让学生猜测，为什么有感应电流？
演示实验2	磁铁插入（拔出）螺线管： 	观察电流表的变化	与实验1对比，二者有什么相同之处？
演示实验3	改变电流大小，即改变磁场强： 	观察电流表，填写表格 表格见下	与实验1、实验2对比，三者有什么相同之处？

开关和变阻器的状态	线圈 B 中是否有电流
开关闭合瞬间	
开关闭合后，迅速移动滑动变阻器的滑片	
开关闭合后，滑动变阻器不动	
开关断开瞬间	

教学环节	教师活动	学生活动	设计意图
小结	三个实验的共同特点是：闭合回路的磁通量都发生了变化	产生感应电流的条件：只要穿过闭合回路的磁通量发生变化，闭合回路中就有感应电流	提高学生概括总结的能力
例题		学生分析，得出结论	闭合线圈在磁场中磁通量发生变化的几种不同方式
练习	如图所示，一有界匀强磁场宽度为 d，若将一边长为 l 的正方形导线框由图中位置开始，自左向右水平穿过匀强磁场，其中 $l < d$，闭合导线框什么时候有感应电流？什么时候没有感应电流？为什么？	学生回答问题：1. 闭合导线框进入磁场过程中有感应电流。2. 闭合导线框穿出磁场过程中有感应电流。3. 闭合导线框完全在磁场中运动时没有感应电流	分析问题要全面
思考题	如图所示，矩形线圈 ABCD 位于通电直导线附近，线圈和导线在同一平面内，且线圈的两个边与导线平行，请问有什么办法，可以使闭合线圈内产生感应流？	学生讨论：请学生代表回答问题	开放式题目可以拓展学生的思维

【教学总结】

本节课在教学过程中涉及一个与本节教学内容相关的物理量——磁通量，因此在上新课前，教师有必要提醒学生复习一下磁通量的概念。此外本节课的另一条主线是演示实验，整节课围绕演示实验展开教学，学生通过观察实验现象总结规律是本节课的重点。几个实验的顺序由浅入深，同时存在着相同的规律变化。在教学过程中，教师要引导学生学会总结、学会应用。本节课的设计意图是让学生在课堂中积极主动地参与教学活动，这样才会获得更好的听课体验和收获。课堂的几道练习题也围绕本节课的重点内容展开，通过几种不同方式引起磁通量的变化，进而让学生分析是否会产生感应电流，加深学生对产生感应电流条件的理解。最后一道思考题想通过开放式的题目，让学生大脑思维活跃起来，同时通过这道题目，加深学生对本节课重点内容的巩固和小结。

第九节　感应电流的方向

中山市第一中学　邱锦辉

【教材】

人教版选择性必修第二册第二章第一节。

【教学时间】

40 分钟。

【教学对象】

高中二年级学生。

【教学内容分析】

1. 课标要求：能理解楞次定律的内涵；能通过楞次定律有关的科学研究，掌握对实验证据进行分析、归纳的方法；能用实验归纳和理论演绎等不同方式来研究物理问题。

2. 教材地位和作用："感应电流的方向"这一节研究的是判断感应电流方向的一般规律，是本章教学的重点和难点。一是其涉及的因素多（磁场方向、磁通量的变化、线圈绕向、电流方向等），关系复杂。二是规律比较隐蔽，其抽象性和概括性很强。如果不明确指出各物理量之间的关系，使学生有一个清晰的思路，势必造成学生思路混乱，影响学生对该定律的理解。因此，学生理解楞次定律有较大的难度。

本节内容以电流、磁场等知识为基础，又为以后学习法拉第电磁感应定律、交流电、电磁振荡和电磁波奠定了基础，具有承上启下的作用。

【教学目标】

1. 物理观念：理解楞次定律的内涵，体会楞次定律中的能量观、相互作用观。

2. 科学思维：从楞次定律的因果关系培养学生的逻辑思维能力。

3. 科学探究：①学生通过感应电流方向的探究，体会完整探究的过程以及思想方法，（这一思想方法在学生的发展过程中具有重要的意义）；②学生通过实验探究，进一步理解控制变量的实验方法；③学生通过体验实验探究过程，体会分析、归纳、比较的科学研究方法。

4. 科学态度和价值：①通过对科学家的介绍，培养学生严肃认真、不怕艰苦的学习态度和勇于追求真理的锲而不舍的精神；②通过实验探究，培养学生乐于动手、勤于动脑的实验素质，善于观察、精于分析的科学态度和注重实验的意识，体会合作交流与独立思考相结合的重要性；③了解楞次定律的实际应用，体会物理学对经济、社会发展的推动作用，培养学生对物理学科的热爱。

【学习重难点】

1. 重点：通过实验探究得到楞次定律的内容，会用楞次定律判断感应电流的方向。

2. 难点：楞次定律的内容理解。

【教学工具】

演示实验："朗威"传感器电脑辅助系统、电子天平、铝管一根（直径5cm，高10cm）、圆形强磁铁若干（直径3.4cm与直径1.85cm）、电动推杆一件、铁架台，灵敏电流计、条形磁铁、线圈、电池，导线若干，铜管、塑料管各一根。

学生分组实验：自行绕制线圈若干个（由 4mm² 单芯铜电线绕制而成，自行绕制的线圈易于判断线圈的绕线）、灵敏电流计、条形磁铁、电池、导线若干，有机玻璃管、铝管与未开槽铝管若干（尺寸：直径 3cm，长度 30cm），强磁铁若干（直径 1.85cm）。

【学生"前概念"分析】

在学习这节课之前，学生已经知道感应电流的产生条件，掌握了"磁生电"的基本实验方法。在上一节"探究感应电流的产生条件"中，学生不难发现感应电流有方向区分，对感应电流方向的确定产生了兴趣。但学生的总结归纳能力薄弱，要理解楞次定律必须具备一定的思维能力，而大多数学生抽象思维和空间想象能力还不是很强，对物理知识的理解、判断、分析、推理常常表现出一定的主观性、片面性和表面性，所以在某些问题的理解上容易出差错，教学中教师应做好引导。

【教学流程设计】

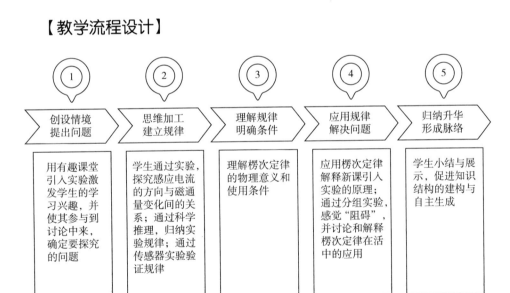

【教学过程】

环节	教学内容及教师组织活动	学生主体活动	说明
引入	1. 演示实验： 引导学生认真观察实验现象： 通过同步电机，将磁铁靠近或远离铝管，电子天平上铝管的示数会发生变化。当磁铁靠近铝管时，电子天平上示数增大；当远离铝管的时候，电子天平的示数减小。 引导学生讨论并分析原因： 示数变化说明什么？ 磁铁与铝管之间有力的作用。 为什么会有力的作用？ 磁通量变化，产生感应电流，受到安培力的作用。 为什么力的方向不同？ 感应电流的方向不同。 2. 引入主题。 本节课将研究感应电流的方向由哪些因素决定，满足什么规律	观看演示实验，对比思考	有趣的实验能提升学生的体验，激发学生的兴趣
探究感应电流的方向	1. 猜想：感应电流的方向可能与哪些因素有关？ 磁通量的变化、原磁场的方向、线圈的绕向。 （教师演示"磁生电"实验，引导学生猜想。） 2. 制订计划与设计实验。 教师引导学生制订实验的计划，设计实验的方案。	观察教师的演示实验并思考。 观看学案，体会控制变量法的使用。 实验探究 得出结论 分组实验 数据记录	控制变量法的使用，培养学生严密的逻辑思维能力。

环节	教学内容及教师组织活动	学生主体活动	说明
探究感应电流的方向	由于影响感应电流方向的因素不是单一的，因此要采用控制变量法进行探究。 3. 探究电流计指针偏向和电流流向的关系。 提出问题：怎么通过指针的偏向知道电流的流向呢？ 教师引导学生根据电路图，运用试触法，判断电流的流向，并将实验结果记录于电路图上。 电路图： 结论：电流就从哪一端接线柱流入，电流计指针偏向哪一边。 4. 分组实验： 探究感应电流的方向与哪些因素有关，完成上述实验步骤，并完成数据记录。 第一种绕向线圈的结果已经给出，教师引导学生自主完成第二种绕向线圈的实验过程。（本实验采用自行绕制的线圈，易于学生分析判断感应电流的方向。） 5. 数据分析，交流与评估。 教师引导学生分析实验结果： （1）在磁通量变化相同的情况下，感应电流的方向与哪些因素有关？是一一对应关系吗？	数据分析 合作交流 讨论、分析，得出最有意义的实验结果，各组相互比较各自的结论，看谁准确、简洁、更全面。 观看并参与讨论	看图连图，将结果记录于图上，更易于学生分析得到规律。 通过实验探究，培养学生善于观察、精于分析的科学态度和注重实验的意识，让学生体会合作交流与独立思考相结合的重要性。 现代电子仪器的使用使学生更乐意求知。 此外，通过该实验学生也能定量地知道感应电流大小的变化，为下一节课《法拉第电磁感应定律》做铺垫。

147

环节	教学内容及教师组织活动	学生主体活动	说明

磁铁的运动	N极向下插入线圈		N极向上插入线圈		S极向下插入线圈		S极向上插入线圈	
图示 线圈的绕向								
原磁场方向	向下	向下	向下	向下	向上	向上	向上	向上
穿过线圈的磁通量的变化	增加	增加	减少	减少	增加	增加	减少	减少
指针的偏转	左偏	右偏	右偏	左偏	右偏	左偏	左偏	右偏

在磁场方向和磁通量增减相同的情况下，感应电流的方向还与线圈的绕向有关，不是一一对应的关系。

（2）感应电流的磁场方向与磁通量变化之间的关系：

磁铁的运动	N极向下插入线圈		N极向上插入线圈		S极向下插入线圈		S极向上插入线圈	
图示 线圈的绕向								
原磁场方向	向下	向下	向下	向下	向上	向上	向上	向上
穿过线圈的磁通量的变化	增加	增加	减少	减少	增加	增加	减少	减少
指针的偏转	左偏		右偏		右偏		左偏	
线圈中感应电流方向（俯视）	逆时针		顺时针		顺时针		逆时针	
感应电流磁场方向	向上	向上	向下	向下	向下	向下	向上	向上
感应电流磁场方向与原磁场方向的关系	相反	相反	相同	相同	相反	相反	相同	相同

感应电流的磁场方向与引起感应电流的磁通量的变化有关，存在一一对应的关系。

结论：当磁通量增加时，感应电流的磁场方向与原磁场方向相反；当磁通量减小时，感应电流的磁场方向与原磁场方向相同。

精练结论："增反减同""阻碍"。

6. 现代科技手段对实验结论的验证：传感器实验。

师生一起通过传感器记录磁铁 N 极、S 极进出不同绕向的线圈（与实验方案相对应）时产生的感应电流，并与分组实验的结果进行比较，验证分组实验结论的准确性，让学生对实验结论更加信服。

（1）N 极、S 极进出第一种绕向的线圈，用传感器记录产生的感应电流，与学生分组实验中的结果（对应"蓝色字体"）比较。

探究感应电流的方向

续　表

环节	教学内容及教师组织活动	学生主体活动	说明
探究感应电流的方向	 （2）N极、S极进出第二种绕向的线圈，用传感器记录产生的感应电流，与学生分组实验中的结果（对应"红色字体"）比较。 将实验结果与学生分组实验的结果进行比较分析。 电流的方向与分组实验中指针的偏向一致		
楞次定律的理解与应用	1. 楞次生平以及楞次定律的理解。 楞次生平介绍。 楞次定律内容：感应电流的磁场总要阻碍引起感应电流的磁通量的变化。 楞次定律条件。 楞次定律的物理意义：能量守恒定律在电磁现象中的应用。	观看图片与楞次生平介绍。 运用规律解决问题。	用科学家故事激发学生的热情，让学生体会到科学的艰辛，培养自己勇于追求真理的锲而不舍的精神。

续 表

环节	教学内容及教师组织活动	学生主体活动	说明
楞次定律的理解与应用	2. 楞次定律应用：判断感应电流的方向。 （1）教师引导学生运用楞次定律，判断"电子天平 - 铝管实验"中，铝管的感应电流方向。 通过分析，让学生掌握判断感应电流方向的基本方法。 （2）标出铝管的磁极，判断铝管与磁铁之间的相互作用力属于引力还是斥力。 分析引出楞次定律的阻碍也可以通过感应电流得到的安培力之间的相互作用体现。 3. 感受阻碍（品楞次定律"阻碍"之味）。 （1）师生游戏：铜管、有机玻璃管磁铁自由下落。 （2）学生进行分组实验： 教师引导学生观察：磁铁从长度相同的铝管、塑料管、开缝的铝管中下落快慢程度。 感悟：阻碍的效果。铝管最强，能明显观察到；磁铁缓慢落下；开口的铜管、铝管、磁铁下落加快；塑料管中，磁铁快速下落	分组实验，学生亲身体验"阻碍"的效果，并进行对比分析	亲身体验，加深对规律的认识
归纳升华	1. 规律小结： 楞次定律虽然只有简简单单的几句话，却概括了感应电流磁场与原磁场磁通量的变化之间的普遍关系，点明了感应电流磁场与原磁场磁通量变化之间的相互作用效果——"阻碍"。 2. 应用前景： 它源于对生活的观察和对规律的总结，又服务于生活和社会的发展，如磁悬浮列车、电磁炮等。	观看图片，思考	课程虽然结束了，但学习并未结束，通过"楞次定律"的应用实例，给学生留下广阔的思考空间

续 表

环节	教学内容及教师组织活动	学生主体活动	说明
归纳升华	 （3）思考： 楞次定律的阻碍效果怎么理解？		
作业	请同学们课下搜索相关资料，谈谈应用楞次定律可以解释身边哪些现象，或者你觉得楞次定律还可以应用在哪些领域		

【教学总结】

《感应电流的方向》这一节研究的是判断感应电流方向的一般规律，是本章教学的重点和难点。本课例引导学生通过实验，探究感应电流方向与磁通量变化间的关系，在实验中通过自行绕制的线圈，让学生清晰、快速地判断线圈绕向和感应电流流向，使得这一难点得以突破。同时，本课注重控制变量法的使用，培养学生严密的逻辑思维能力，突出对数据进行科学推理、论证进而归纳得出楞次定律，让学生经历物理规律的建构过程，体会物理规律探究过程中的思维方法，理解物理规律的适用条件，能应用规律来研究实际问题。

第十节 法拉第电磁感应定律

中山市第一中学 李中玉

【教材】

粤教版选择性必修第二册第二章第二节。

【教学时间】

40 分钟。

【教学对象】

高中二年级学生。

【教材内容分析】

1. 课标要求：通过实验，理解法拉第电磁感应定律。

2. 教材地位和作用：法拉第电磁感应定律是一条实验定律，是整个电磁学的核心内容之一，贯穿整个电磁学，是学习交流电、振荡电路、电磁波理论的基础，在现在的社会生活中有着举足轻重的地位和社会价值。《普通高中物理课课程标准（2017 版）》要求教师：①通过对本实验定律的教学让学生掌握实验数据分析与归纳的方法，能通过实验归纳和理论演绎等方式来研究物理问题；②基于实际情境问题，让学生了解该定律在生产生活中的应用，让学生认识物理学对现代生活和科技社会发展的促进作用。

【教学目标】

1. 物理观念：物理学是一门以实验为基础的自然科学，掌握实验操作能力和分析能力是物理学科素养的基本要求。电磁感应除涉及恒定电路知识外，还引入了磁通量及其变化和变化率等概念。

2. 科学探究：参与实验，体验科学探究过程，培养学生的实验操作能力和观察能力。

3. 科学思维：通过实验现象，采用类比、归纳、分析、演绎、实证等思维方式，揭示现象中存在的物理规律，发展学生的科学思维。

4. 科学态度与责任：发展学生崇尚科学、尊重事实、实验与推理相结合的科学探究态度，通过小组协同实验、讨论交流发展学生的团队合作能力。

【学习重难点】

1. 重点：法拉第电磁感应定律的建立和理解。

2. 难点：①磁通量 Φ、磁通量的变化量 $\Delta\Phi$、磁通量的变化率 $\dfrac{\Delta\Phi}{\Delta t}$ 三者的区别；②理解 $E = n\dfrac{\Delta\Phi}{\Delta t}$ 具有普遍意义，公式 $E = BLv$ 是该定律在特定条件下的推论；③掌握 $E = BLv$ 中 B、L、v 的含义，并能应用；④理解电磁感应中产生的电动势为生活中发电机的电动势而不是电压。

【学生"前概念"分析】

在学习本节内容之前，学生已掌握了恒定电路的相关知识，了解了电磁感应现象和磁通量的概念，知道了磁通量变化的含义，并在电学实验中具备了一定的实验探究能力和操作能力，本节课是在上一节课实验的基础上进一步探究归纳和演绎分析。

【教学流程设计】

① 创设情境 提出问题	② 思维加工 建立规律	③ 理解规律 明确条件	④ 应用规律 解决问题	⑤ 归纳升华 形成脉络
展示两种电路，类比恒定电流电路与电磁感应电路的异同，回顾前一节知识，引出本节探究的问题	通过教师引领，学生小组实验，观察电磁感应现象，填表对比分析，揭示电磁感应现象中的物理规律	理解线圈匝数、磁通量、磁通量变化、磁通量变化率等因素对感应电动势的影响本质是匝数、磁通量变化率对感应电动势的影响	展示感生电动势、平均动生电动势情境，逐步提问，引领学生应用法拉第电磁感应定律解决实际问题，形成思维	学生小结，PPT展示，促进学生电磁感应定律知识结构的形成

【教学过程】

环节	教师活动	学生活动	设计意图
情境回顾	展示电路图和实验器材连成的电路： 电路1 电路2 问题： 1. 电路1中电键闭合后电路中是否有电流？从哪一仪器观察得出的结论？ 2. 电路2中电键闭合后电路中是否有电流？如何才能在该电路中产生电流？ 3. 电路1和电路2各自哪一部分为电路提供了电流？ 总结：电路1和电路2中有电流时都有电源，都存在电动势	观察，思考，分析，归纳，回答问题。 答：1. 有电流，从电流表指针的偏转得出。 2. 没有。磁铁插入或抽出螺线管。 3. 电路1由电池提供，电路2由发生电磁感应的电路部分提供	类比分析，引入电磁感应中电动势的概念

续 表

环节	教师活动	学生活动	设计意图
新课引入	展示问题情境: 电路2,插入或抽出磁铁过程中,产生的感应电流大小相等吗?各小组根据桌上实验装置,做实验,完成下面表格: 表格内容见下方 教师巡堂,指出不足,引领学生思考,自己寻求正确操作	根据实验,完成表格,讨论其中存在的操作问题	发展学生实验操作能力、观察能力和分析能力,培养学生科学探究的精神
相关知识回顾,实验猜想	问题: 1. 根据前面恒定电路学过的知识,思考闭合电路中电阻一定时,其电流大小由什么物理量决定。 2. 电磁感应中也存在电动势,该电动势我们称之为感应电动势,它的大小由哪些因素决定呢? 回忆相关物理量,引领学生猜想。 物理量表格见下方	思考,回答。 答: 1. 电动势。 2. 可能与磁通量有关,可能与磁通量变化有关,可能与插入的快慢有关,可能与磁通量变化率有关	培养学生大胆猜想、严格求证的科学探究态度

新课引入环节中的实验表格:

实验	条形磁铁根数	进入快慢	电流表偏转角度
1	1	插入不动	
2	1	慢	
3	2	慢	
4	2	快	

相关知识回顾环节中的物理量表格:

物理量	物理量的含义	求解
磁通量 Φ	穿过回路磁感线条数的多少	$\Phi = BS$ ($B \perp S$)
磁通量的变化量 $\Delta\Phi$	穿过回路的磁通量变化	$\Delta\Phi = |\Phi_2 - \Phi_1|$
磁通量的变化率 $\dfrac{\Delta\Phi}{\Delta t}$	穿过回路磁通量变化的快慢	$\Delta\Phi$ 与 Δt 需对应

续 表

环节	教师活动	学生活动	设计意图
师生互动，学生体验，加深认识	问题： 3. 应当如何来验证我们的猜想呢？ 实验 / 实验操作 / 磁通量 / 电流表偏转 1 / 没有插入磁铁 / 零 / 无 2 / 插入磁铁不动 / 不为零 / 无 （1）如何验证感应电动势与磁通量的关系？ 结论：感应电动势与电路中有无磁通量无关。 （2）如何验证感应电动势与磁通量变化的关系？ 实验 / 条形磁铁根数 / 进入快慢 / 电流表偏转 1 / 1 / 慢 / 小 2 / 2 / 慢 / 大 结论：感应电动势的大小与磁通量变化有关。插入快慢相同时，磁通量变化越大，感应电动势越大。 （3）如何验证感应电动势与磁铁插入快慢的关系？ 实验 / 条形磁铁根数 / 进入快慢 / 电流表偏转 1 / 1 / 慢 / 小 2 / 1 / 快 / 大 结论：感应电动势大小与磁铁插入快慢有关。磁通量变化相同时，磁铁插入越快，电动势越大	小组讨论，设计实验，回答	发展学生实验操作能力、观察能力和分析能力，培养学生科学探究的精神
	问题： 4. 感应电动势与磁通量变化率有关吗？ 实验 / 条形磁铁根数 / 进入快慢 / 电流表偏转 1 / 1 / 慢 / 小 2 / 1 / 快 / 大 3 / 2 / 慢 / 大 4 / 2 / 快 / 更大 结论：磁通量变化相同，时间越短，感应电动势越大；时间相同，磁通量变化越大，感应电动势越大，即磁通量变化率越大，感应电动势越大。	小组讨论交流，回答，设计实验再次验证。 答：有关。	对比分析，再次重复之前的实验操作和思维过程，巩固相关的科学探究方法和科学思维，树立正确的物理实验观

156

续 表

环节	教师活动	学生活动	设计意图
介绍法拉第电磁感应定律	精确的实验表明：闭合电路中感应电动势的大小与穿过这一电路的磁通量的变化率成正比，写成公式为 $E = n \dfrac{\Delta \Phi}{\Delta t}$。其中 n 是线圈的匝数，$\Delta \Phi$ 是磁通量的变化量，Δt 是穿过闭合线圈的时间。 该规律最先由物理学家法拉第发现，所以我们称之为法拉第电磁感应定律	听，记忆	在定性实验的基础上，理解法拉第电磁感应定律
实际运用1，感生电动势	展示物理情境：一个匝数为 100、面积为 10cm^2 的线圈垂直放在磁场中，在 1s 内穿过它的磁场从 1T 增加到 9T。求线圈中的感应电动势。 解答过程。 该情境中电路没有动，而磁场变化，此情况下产生的电动势我们称之为感生电动势。	思考，回答	简单应用，巩固理解所学内容，为引出新内容做铺垫
实际运用2，平均动生电动势：B、L、v 三者相互垂直	展示物理情境： B、L、v三者相互垂直 如图所示，U 形金属导轨固定在水平桌面上，空间存在竖直向下磁感应强度为 B 的匀强磁场，金属杆与导轨垂直放置，并与导轨充分接触。设 U 形导轨间距为 L，金属杆以速度 v 向右匀速平动，则整个回路中产生的感应电动势为多少？ 巡堂，引领。 （1）Δt 时间内金属杆的位移是多少？ （2）$\Delta \Phi$ 为初末状态下磁通量的变化量，对应哪部分面积？如何求解？ （3）回路中匝数 n 等于多少？ （4）回路中感应电动势 E 等于多少？ 该情境中磁场没有变化，电路的一部分发生运动切割磁感线，此情况下产生的电动势我们称之为动生电动势。	思考，讨论，草稿纸演算，记忆	进一步培养学生该知识的运用能力以及数学推理能力，引出新知识

续 表

环节	教师活动	学生活动	设计意图
实际运用2，平动动生电动势：B、L、v 三者相互垂直	公式：$E = BLv$。 该公式今后可以直接使用		
实际运用3，平动动生电动势：$v \perp L$，$L \perp B$，v 不一定垂直于 B	展示情境： $v \perp L$，v与B夹角为θ 阐释情境。 （1）Δt 时间里金属杆的位移是多少？ （2）$\Delta \Phi$ 为初末状态下磁通量的变化量，对应哪部分面积？如何求解？ （3）回路中匝数 n 等于多少？ （4）回路中感应电动势 E 等于多少？ 巡堂，引领。 （5）公式：$E = BLv$。直接使用的条件是 B、L、v 三者相互垂直，不垂直则要将 L，v 投影到垂直于 B 的方向上	思考，讨论，草稿纸演算，记忆	加深对公式 $E = BLv$ 的理解
归纳总结	展示PPT，留出空位学生作答。 1. 法拉第电磁感应定律 （1）内容： （2）公式： （3）适用范围： 2. 感生电动势 （1）公式： （2）对应条件： 3. 动生电动势 （1）平动公式： （2）对应条件：	思考，回答，记忆	升华思维，建立知识结构，促进知识脉络的形成

【教学总结】

本节课的内容是从已有物理现象引出，对该现象的观察思考必然是本节课的重要教学环节。实验一直以来是学生学习物理的弱项，因此，实验必须循序渐进，让学生反复观摩思考，进而引领学生认识电磁感应现象背后的物理规律。为此，本节课教学环节的设计先是教师引领实验，而后是学生分组实验。

深刻理解法拉第电磁感应定律是本节课的重点，对应的实验的现象和结论，最好让学生自己观察、推理得到，教师不代劳。本节课为此设计了相关表格，并对表格进行了进一步对比细化。

其中容易混淆的磁通量、磁通量变化、磁通量变化率等抽象概念，以及感应电动势各计算公式及其适用的条件是本节课的难点，涉及空间思维，难度较大，在今后课堂中还需反复渗透，加强巩固训练。

第十一节　理想气体的状态方程

中山市华侨中学　张　黎

【教材】

人教版选修 3 - 3 第八章第三节。

【教学时间】

40 分钟。

【教学对象】

高中二年级学生。

【教学内容分析】

1. 课标要求：通过实验，了解气体实验定律，知道理想气体模型。

2. 教材地位和作用：理想气体的状态方程是中学阶段解答气体问题遵循的最重要的规律，是热力学模块中唯一的二级要求考点。

【教学目标】

1. 物理观念：了解理想气体模型。

2. 科学探究：通过课前演示培养学生的观察能力，增强其探究意识。

3. 科学思维：通过气体三条实验定律推导演绎理想气体状态方程，揭示现象中存在的物理规律，培养学生的逻辑思维，发展学生的学科思维。

4. 科学态度与责任：从理想气体模型的建立中体会突出主要矛盾，忽略次要矛盾的建模方法。

【学习重难点】

1. 重点：理想气体模型。
2. 难点：理想气体状态方程的应用。

【学生"前概念"分析】

描述气体宏观物理性质的三个物理量分别是压强、体积和温度，这三个物理量之间相互影响相互约束。前几节课中学生已经学过波意耳定律、盖—吕萨克定律和查理定律，在此基础之上过渡到理想气体状态方程并不会造成很大的理解困难。

【教学流程设计】

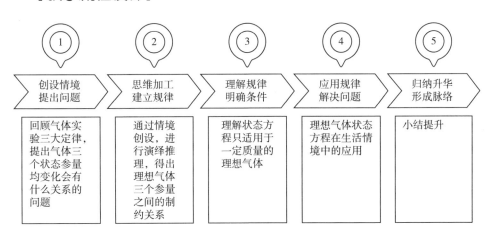

①	②	③	④	⑤
创设情境提出问题	思维加工建立规律	理解规律明确条件	应用规律解决问题	归纳升华形成脉络
回顾气体实验三大定律，提出气体三个状态量均变化会有什么关系的问题	通过情境创设，进行演绎推理，得出理想气体三个参量之间的制约关系	理解状态方程只适用于一定质量的理想气体	理想气体状态方程在生活情境中的应用	小结提升

【教学过程】

环节	教师活动	学生活动	设计意图
创设情境，提出问题	课程导入：展示瘪了的乒乓球，提出，如何恢复原样？ 将乒乓球放入热水中，乒乓球恢复原样。为什么会恢复原样？是否可以用学过的气体实验定律解释？	回答三大气体实验定律。	乒乓球内气体的体积、温度、压强均发生了变化，提示学生回顾气体实

环节	教师活动	学生活动	设计意图
创设情境，提出问题	1. 知识回顾 回顾三大气体实验定律： 波意耳定律、盖—吕萨克定律和查理定律。 适用条件：温度不太高，压强不太大。 2. 理想气体的概念提出 理想气体：任何温度和任何压强下都能严格地遵从气体实验定律。 理想气体是一种理想化模型。（突出主要因素，忽略次要因素） 问题1：若理想气体三个状态参量都变化，会有怎样的变化关系？		验定律，为新问题的提出做好铺垫
思维加工，建立规律	3. 讨论 如图所示，一定质量的某种理想气体从 A 到 B 经历了一个等温过程，从 B 到 C 经历了一个等容过程。分别用 p_A、V_A、T_A 和 p_B、V_B、T_B 以及 p_C、V_C、T_C 表示气体在 A、B、C 三个状态的状态参量，那么 A、C 状态的状态参量间有何关系呢？ 推理得出理想气体状态方程。 4. 理想气体状态方程 一定质量的某种理想气体在从一个状态变化到另一个状态时，尽管 p、V、T 都可能改变，但是压强和体积的乘积与热力学温度的比值保持不变： $$\frac{p_1 V_1}{T_1} = \frac{p_2 V_2}{T_2} \text{ 或 } \frac{pV}{T} = C$$	推演、计算	明确问题，通过学生自己的演绎计算，得出理想气体状态方程

续 表

环节	教师活动	学生活动	设计意图
理解规律，明晰条件	问题2：思考 C 会与哪些因素有关？与哪些因素无关？ 常数 C 与气体的压强、体积和温度均无关，但可能与气体种类、质量或者物质的量有关。 介绍：$pV = nRT$	讨论，回答	
应用规律，解决问题	回顾乒乓球的实验，请同学们解释为什么乒乓球能恢复原样。 例题：在容积为 20L 的圆筒内装有氧气（为理想气体），温度是 17℃ 时，它的压强是 1.0×10^6 Pa，在标准状态下，这些氧气的体积是多大？（标况温度为 0℃，压强为 1.0×10^5 Pa）	学生回答，作答	引导学生从分析气体的状态参量的角度利用理想气体状态方程解决问题
小结提升	用理想气体状态方程解决物理问题的一般步骤		

【教学总结】

情境是问题的载体，在情境中获取信息并建立模型是解决物理问题的必经途径，也是学科核心素养的组成部分。

在情境中提出问题，引发新的思考：理想气体三个状态均发生变化如何处理？通过这样的方式引导学生用科学推理去探索新的规律，并解决问题。

第十二节 热力学第一定律

中山市华侨中学 张 黎

【教材】

粤教版选修 3－3 第三章第二节。

【教学时间】

40 分钟。

【教学对象】

高中二年级学生。

【教学内容分析】

1. 课标要求：知道热力学第一定律；通过史实，了解热力学第一定律和能量守恒定律的发现过程；体会科学探索中的挫折和失败对科学发现的意义。

2. 教材地位和作用：热力学第一定律建立了内能变化、做功和热传递三者之间的联系，完善了学生对能量的认知体系，是教学的重点，但不是难点。本节内容承上启下，是能量守恒定律和热力学第二定律的基础。

【教学目标】

1. 物理观念：了解内能和热量的概念，知道从能量守恒的角度理解热力学第一定律。

2. 科学探究：通过演示实验和推理相结合的方式体验科学探究的过程。

3. 科学思维：通过实验现象，采用分析、演绎、实证等思维方式，揭示现象中存在的物理规律，发展学生的科学思维。

4. 科学态度与责任：引导学生崇尚科学，形成尊重事实的科学态度，并从史实材料中体会科学探究的精神。

【学习重难点】

对热力学第一定律的理解和应用。

【学生"前概念"分析】

在本节内容之前，学生已了解了内能的相关知识，理解了功的意义，并对各种形式的守恒定律有了较多的理解。本节课在前面的基础上进一步探究归纳和分析。

【教学流程设计】

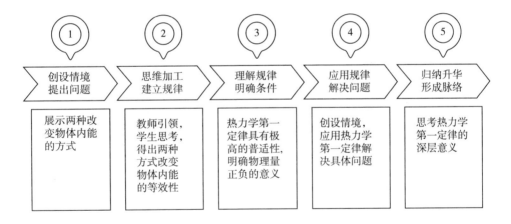

【教学过程】

环节	教师活动	学生活动	设计意图
创设情境，提出问题	1. 实验引入 演示气体压燃实验。 2. 内能 回顾势能、动能，联系分子相互作用力，引出物体的内能。	观察 思考，回答 讨论，回答	激发学习动机。

环节	教师活动	学生活动	设计意图
创设情境，提出问题	内能：物体所有分子热运动的动能和分子势能的总和。 分子间距影响势能——体积，分子热运动影响分子动能——温度。 3. 内能与功的关系 问题：如何改变物体的内能？ 演示实验：气体冲出皮塞，瓶内出现白雾。 两个实验表明，物体（气体）压缩时内能增加，膨胀时内能减小。 同时回顾"摩擦生热"的生活实例。 说明：绝热过程——系统只由于外界对它做功而与外界交换能量，它不从外界吸热，也不向外界放热，这样的过程叫作绝热过程。 绝热过程中功是内能转化的量度：$\Delta U = W$。 4. 内能与热的关系 改变内能的另一种方式：热传递。热传递是两个温度不同的物体相互接触时温度高的物体要降温，温度低的物体要升温，我们说热量从高温物体传到了低温物体。 问题：做功和热传递对改变物体内能的异同。 做功和热传递两种方式改变内能是等效的，区别是做功是内能和其他形式的能发生转化，热传递是不同物体或同一物体不同部分内能的转移，写成表达式：$\Delta U = Q$。 问题：热量和内能的区别		通过对宏观势能和动能的回顾，建构物体内能的概念。 通过内能与功的关系、内能与热的关系，自然引出内能与功、热二者的关系。 区分状态量与过程量

环节	教师活动	学生活动	设计意图
思维加工，建立规律	5. 热力学第一定律 问题：如果物体在与外界同时发生做功和热传递的过程中，内能的变化 ΔU 与热量 Q 及做的功 W 之间又有什么关系呢? 热力学第一定律：一个热力学系统的内能增加量等于外界向它传递的热量与外界对它所做的功的和。 $\Delta U = Q + W$（简洁之美） ΔU：物体内能的增加量。 W：外界对物体做的功。 Q：物体吸收的热量。	作答	感受科学的简洁之美
理解规律，明晰条件	热力学第一定律对固体、液体、气体均适用		
应用规律，解决问题	6. 规律应用 某同学将空的玻璃瓶开口向下缓慢压入水中。设水温均匀且恒定，瓶内空气无泄漏，不计气体分子间的相互作用，则被淹没的玻璃瓶在下降过程中，气体是吸热还是放热，为什么? 例题：一定量的理想气体，从外界吸收热量 $2.7 \times 10^5 J$，内能增加 $4.3 \times 10^5 J$。在这一过程中，是气体对外界做功还是外界对气体做功？做了多少功？		通过真实情境与物理模型，定性和定量理解热力学第一定律
归纳升华，形成脉络	热力学第一定律是能量守恒定律在热现象范围内的具体体现，是自然规律多样性的表现		从更宏观、更高的角度理解热力学第一定律

【教学总结】

规律是概念之间的联系，要明确规律，首先要理解概念。内能、热以及内能变化是几个比较容易混淆的概念，教学中应该从过程量与状态量两个方面对概念加以区分，通过对概念的辨析强化物理观念教学，并从守恒的角度理解热力学第一定律。

课程中宜通过压燃实验、气体膨胀推出木塞实验增加学生对功与内能的感性认识，增强其在情境中的体验感。在提出热力学第一定律以后，对物理量的正负说明应基于守恒的观念，用科学推理的方式理解，而不是机械记忆正负。

第十三节　热力学第二定律及其微观解释

中山市华侨中学　朱　茂

【教材】

粤教版选择性必修第三册第三章第三节。

【教学时间】

40 分钟。

【教学对象】

高中二年级学生。

【教学内容分析】

1. 课标要求：通过自然界中宏观过程的方向性，了解热力学第二定律。

2. 教材地位和作用：本节课作为热力学定律的最后一节，具有总结、前瞻的作用。本节课在能量守恒的基础上，提出能量转化，使宏观过程具有方向性，并从微观上对宏观现象的方向性加以解释，提出熵的概念。

【教学目标】

1. 通过列举生活中与热现象有关的宏观现象，使学生认识到宏观过程具有不可逆性。

2. 通过多种表述方式，使学生理解热力学第二定律所描述的宏观过程的方向性。

3. 通过热力学第二定律的应用，讲解第二类永动机不可能制成的原因。

4. 通过统计学的方法，使学生了解到热力学第二定律的微观实质及熵的概念。

【学习重难点】

1. 重点：热力学第二定律的表述。

2. 难点：熵增加原理。

【学生"前概念"分析】

高二学生在学习本节课前，通过生活经验，已经知道一些宏观现象是不可逆的，但尚未尝试从分子热运动层面进行微观解释；已经建立了比较清晰的能量守恒观念，但在满足能量守恒的所有宏观事件能否自发进行这一点上，尚未进行深入思考；已经建立了分子热运动及热运动剧烈程度的概念，但对分子热运动无序程度尚未接触。

【教学流程设计】

① 创设情境 提出问题	② 思维加工 建立规律	③ 理解规律 明确条件	④ 应用规律 解决问题	⑤ 归纳升华 形成脉络
通过生活情境引入一些宏观过程不可逆，通过引导，使学生认识到这些现象都与热现象相关	针对热力学第二定律的两种表述，分别从热传递和做功两个角度，对热现象的方向性进行举例阐述，引导学生正确表述	通过回顾热力学第一定律，证明满足热力学第一定律的热学宏观过程，不一定满足热力学第二定律，而热力学第二定律也不违反能量守恒定律	利用热力学第二定律，从能量的品质角度，解释第二类永动机为什么不可能被制造出来	鉴于本节是热学最后一节，从宏观角度解析清楚热力学第二定律后，再从微观角度进行解析，帮助学生建立完整的知识体系

【教学过程】

活动	教师活动	学生活动	说明
创设情境引发思考	引导学生观看实验： 演示现象：二氧化氮气体的扩散。 演示现象：小球的停止。 演示现象：烟雾的喷出。 归纳：自然界中一切与热现象有关的宏观过程都是不可逆的	观察、参与演示实验。 对现象进行讨论、归纳，表述	学生表述可能会依附于现象本身，教学中教师应引导学生对三个现象的共性进行归纳
从热传递角度创设情境，引发学生思考，引入克劳修斯表述	热传导的方向性： 两个温度不同的物体相互接触时，热量会自发地从高温物体传到低温物体。要实现相反过程，必须借助外界的帮助，因而会产生其他影响或引起其他变化	听课，交流	教师讲解对定律的理解：这里阐述的是热传递的方向性，在这个表述中，"自发"二字指的是当两个物体接触时，不需要任何第三者的介入，不会对任何第三者产生任何影响，热量就能从一个物体传向另一个物体。当两个温度不同的物体接触时，这个"自发"的方向是从高温物体指向低温物体的
从机械效率角度入手，引入热力学第二定律的开尔文表述	观察发动机的工作状况，得到热机效率不能是100%，即使去除摩擦等因素，理论上也被证明效率不可能为100%，提出开尔文表述。	讨论、交流	热力学第二定律的另一种表述：物体不可能从单一热源吸收热量，使之完全变成功，

171

续 表

活动	教师活动	学生活动	说明
从机械效率角度入手,引入热力学第二定律的开尔文表述	以内燃机为例,汽缸中的气体燃烧时产生的热量为 Q_1,推动活塞做功 W,然后排出废气,同时把热量 Q_2 散发到大气中。 由能量守恒定律可知:$Q_1 = W + Q_2$。 我们把热机做的功 W 和它从热源吸收的热量 Q_1 的比值叫作热机的效率,用 η 表示: $\eta = W/Q_1$ 实际上热机不能把得到的全部内能转化为机械能。热机必须有热源和冷凝器,热机工作时,总要向冷凝器散热,不可避免地要由工作物质带走一部分热量 Q_2,所以有 $Q_1 > W$		而不产生其他影响。这是热力学第二定律的开尔文表述(也称第二类永动机)
第二类永动机为什么不可能制成	第二类永动机并不违反能量守恒定律,人们为了制造出第二类永动机做了各种努力,但同制造第一类永动机一样,都失败了。 为什么第二类永动机不可能制成呢? 因为机械能和内能的转化过程具有方向性。机械能全部转化成内能,内能却不能全部转化为机械能,同时不引起其他变化。 	讨论、交流	明确第一类永动机的概念,明确第一类永动机和第二类永动机的不同

续　表

活动	教师活动	学生活动	说明
热力学第二定律的微观表述	有序：只要确定了某种规则，符合这个规则的就叫作有序。 无序：不符合某种确定规则的称为无序。 无序意味着各处都一样、平均、没有差别，有序则相反。 一切自然过程总是沿着分子热运动的无序性增大的方向进行	师生互动	本部分视学生程度进行取舍。但要从微观上讲清楚什么是有序、什么是无序以及有序无序的成因
介绍熵的概念	熵和系统内能一样都是一个状态函数，仅由系统的状态决定。从分子运动论的观点来看，熵是分子热运动无序（混乱）程度的定量量度。 一个系统的熵是随着系统状态的变化而变化的。在自然过程中，系统的熵是增加的。 在绝热过程或孤立系统中，熵是增加的，叫作熵增加原理。对于其他情况，系统的熵可能增加，也可能减小。 从微观的角度看，热力学第二定律是一个统计规律：一个孤立系统总是从熵小的状态向熵大的状态发展，而熵值较大代表着较为无序，所以自发的宏观过程总是向无序程度更大的方向发展	阅读、交流	熵概念的讲解要建立在孤立系统的基础上。在高中阶段，只需明确熵描述分子热运动的无序程度，而不是剧烈程度。建议举例说明。

【教学总结】

本节作为热力学的最后一节，具有总结、提升的作用。是否不违背能量守恒的宏观过程都能够发生？在这一节有深入解释。本节的关键词有"不可逆""自发""无序程度"等。

本节内容如用讲授式授课，学生容易一头雾水，教学中应尽力创设真实情境，让学生对热力学第二定律的两种表述进行讨论，交流，理解。这里不必追求归纳，因为本节后段有从微观角度解释热力学第二定律的环节，通过演绎的方法，对其进行解释。

能够让学生清晰表述热力学第二定律，及在具体情境中用热力学第二定律的科学语言对现象进行表述，是评价教学效果的重要手段。"宏观态""微观态"的讲解不是本节课的重点，但是授课逻辑中不可绕过的一环，应用较短时间，清晰地处理好。

③ 第三章

基于核心素养的
物理实验教学设计

第一节 探究弹簧弹力与形变量的关系

中山市第一中学 钟 路

【教材】

粤教版必修第一册第三章第二节。

【教学时间】

40 分钟。

【教学对象】

高中一年级学生。

【教学内容分析】

1. 课标要求：通过实验，了解胡克定律，探究弹簧弹力与形变量的关系。

2. 教材地位和作用：本节有关弹力和形变的内容已经从定性层面得出了一般情况下弹力的大小和形变量的关系——形变程度越大，弹力越大；弹力的方向指向形变的反方向。胡克定律是从定量层面认识一种简单的形变，是学生进入高中后第一个定量探究的物理规律。通过实验锻炼学生设计实验，制订方案，收集、记录和处理数据等综合能力，培养学生的科学探究能力。

【教学目标】

1. 物理观念：了解胡克定律，理解弹力的方向和大小。

2. 科学思维：①通过探究，体会物理学用定量关系表达一种规律的方法；

②通过探究弹簧弹力与伸长量的关系，让学生体会物理学的研究思路：从最简单的模型出发研究一般问题。

3. 科学探究：通过探究，发现并概括弹簧弹力与伸长量的定量关系。

4. 科学态度与责任：真实准确地记录实验数据，体会科学的精神和态度在科学探究过程中的重要作用；通过自制简易弹簧秤，培养学生把物理学习与生活实践结合起来的习惯。

【学习重难点】

1. 重点：设计制订实验方案，收集、记录数据。
2. 难点：利用图像处理多组数据并得出科学结论。

【学生"前概念"分析】

在弹力和形变的内容中，学生已经定性地了解到弹力大小随形变程度变大而变大；学生也对弹簧秤已经有所了解，但是对其原理并没有深究，所以学生的大部分认识都是一种定性的认识；对刻度尺的读数及钩码的使用学生也都比较熟练，但是对运用图像法处理多组数据比较陌生，或是完全没有接触。

【教学流程设计】

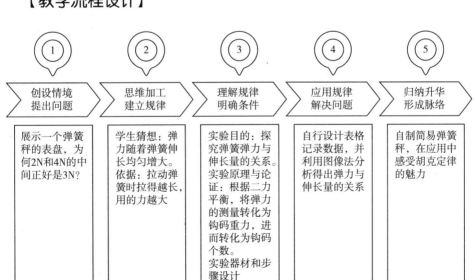

①	②	③	④	⑤
创设情境 提出问题	思维加工 建立规律	理解规律 明确条件	应用规律 解决问题	归纳升华 形成脉络
展示一个弹簧秤的表盘，为何2N和4N的中间正好是3N？	学生猜想：弹力随着弹簧伸长均匀增大。 依据：拉动弹簧时拉得越长，用的力越大	实验目的：探究弹簧弹力与伸长量的关系。 实验原理与论证：根据二力平衡，将弹力的测量转化为钩码重力，进而转化为钩码个数。 实验器材和步骤设计	自行设计表格记录数据，并利用图像法分析得出弹力与伸长量的关系	自制简易弹簧秤，在应用中感受胡克定律的魅力

【教学过程】

环节	教师活动	学生活动	设计意图
创设情境 提出问题	展示弹簧秤表盘 ，提出问题：弹簧秤表盘的刻度有什么规律？	观察，思考	对于最普通的弹簧秤，其表盘的均匀可能是最明显的特征，但又是最容易被人忽视的特征
猜想和初步论证	教师引导：为什么2N和4N的正中间正好是3N，说明表盘的刻度均匀。 问题：为何表盘的刻度如此均匀？它是天然如此，还是有何必然的原因？ 初步论证：表盘均匀，说明指针每向下移动同样的高度，增加的拉力是一样的。而指针向下移动的高度又对应于弹簧下端的伸长量	猜想：弹力随弹簧伸长均匀增大	表盘均匀和弹簧弹力与伸长量之间的关系是两个表面不相干的问题，需要学生深入思考，这其中渗透了"转换法"的思想
设计方案进行实验	我们需要通过实验，来探究弹力大小与伸长量之间的关系。 引导：如何测量弹力大小和伸长量大小？ 教师要注意帮学生厘清概念：钩码的重力并不是弹力，前者是地球对钩码的引力，后者是弹簧对钩码的拉力。 在实际操作过程中，往往是等钩码静止时再测量弹簧长度，此时钩码的重力与弹簧的拉力二者等大反向，是二力平衡关系。 请同学们根据器材，规划实验步骤，设计表格，记录数据	伸长量大小：可以标记弹簧的自然伸长的位置，然后用刻度尺测量；也可以先测出弹簧的原长，再测出弹簧伸长后的现长，二者的差值就是伸长量。弹力的大小就是钩码的重力。 小组合作，商量实验步骤，记录数据	通过引导，让学生明白需要测量的物理量，这样才能更好地设计实验方案。 将弹簧的弹力转换为钩码的重力似乎是学生的本能直觉，教师需要通过分析，让学生明白这是一种"转换法"，前提是二力平衡，为以后用到的沙桶拉小车模型做好铺垫

环节	教师活动	学生活动	设计意图
收集证据 分析论证	通过投影展示代表小组的结果： 弹簧原长：8.60cm （见下表） 请小组代表给出自己的结论。 问：还有没有同学有其他的分析方法？ 为了让二者关系更加形象，可以以伸长量为 x 轴，弹力大小为 y 轴，绘制成 $F-x$ 图像。教师可提供坐标纸降低学生作图难度。 问：描出来的是散的点该怎么办？ 引导：我们要考虑到每一次测量其实是有误差的，如刻度尺的估读、弹簧的轻微抖动和转动，在误差允许范围内，这些点将在一条直线上，所以通常用一根直线尽量通过所有点或让点均匀分布在直线两侧。 据此，我们可以得出结论：在误差允许范围内，弹簧弹力与伸长量成正比	每增加一个钩码，弹簧伸长量分别是4.4cm、4.5cm、4.7cm、4.9cm、4.2cm。可以认为弹簧的弹力随弹簧伸长均匀增加。 在坐标纸上建立坐标系，合理设置单位长度，将记录的数据描在图像上。 用线将它们连起来，形成一段段折线	通过数据表格，基本能判定弹力随伸长量均匀增大，但是为了形成科学结论，还得引导学生通过图像处理数据。

弹簧原长：8.60cm

钩码个数	弹簧长度cm	弹簧伸长量cm
0	8.60	0
1	13.00	4.40
2	17.70	9.10
3	22.40	13.80
4	27.30	18.70
5	31.50	22.90

续 表

环节	教师活动	学生活动	设计意图
深层思考，交流合作自制简易弹簧秤	提供木板、橡皮筋、铁丝、钩码和白纸，让学生自制简易弹簧秤 	模拟弹簧秤，设计简易弹簧秤的结构。通过挂1个钩码、2个钩码、3个钩码，定出弹簧秤表盘的大致标度（0.5N、1.0N、1.5N……），再将这个标度按长度均匀等分，体会弹力与伸长量之间的线性关系	学以致用，通过自制弹簧秤，理解弹力与伸长量之间的线性关系；通过定标等操作，体会任何一个仪器的背后都需要发明者的智慧

【教学总结】

本堂课探究的是弹簧弹力与伸长量的关系，这是一个比较简单的数学关系，得出结论并不困难，但教师不能轻易地以讲带过，因为这是进入高中以来，学生第一次定量地探究两个物理量之间的关系，而定量关系是整个物理学的基础，正是在定量测量的基础上，伽利略等科学先驱才发展出现代科学。所以定量关系的探究是形成科学观念的重要过程，必须让学生亲身经历并体会，才能对培养学生的物理核心素养有所帮助。

这个实验无论是实验原理还是实验步骤都是比较简单的，教师应该大胆地放手让学生去发挥，去发现问题，去解决问题，在实验过程中，学生能够相互协作，互相探讨，解决突发问题并最终完成实验。

钩码的重力就是弹簧弹力是学生的一个错误认知，这个错误认知影响着学生整个力学物理观念的形成，如果不能理解这个问题，整个力学学生都没法继续学下去。因此，教学中需要教师及时发现，并详细分析两个力为什么不是一个力，以及它们为何在这个实验中相等。

　　自制简易弹簧秤的环节非常受学生欢迎，虽然那个弹簧秤结构非常简单，但是他们还能乐此不疲地称量身边任何物品，和一个一年级的小朋友一样充满好奇心。在制作的过程中，学生能深刻体会什么是成正比，普通仪器是如何定标度的，以及任何一个仪器背后都充满了发明者的智慧。

第二节　探究加速度与力、质量之间的定性关系

中山市第一中学　张建军

【教材】

粤教版必修第一册第四章第二节。

【教学时间】

40 分钟。

【教学对象】

高中一年级学生。

【教材内容分析】

1. 课标要求：通过实验探究，理解加速度和力及质量之间的定性关系。

2. 教材地位和作用：本章第一节《伽利略的理想实验与牛顿第一定律》通过伽利略的理想实验和科学推理，让学生理解力并不是维持物体运动的原因，但是当物体受到外力作用时，物体的运动状态却会发生改变，那么是什么使物体的运动状态改变的？物体运动状态的改变与什么因素有关呢？通过速度是表征运动状态的物理量，速度的改变意味着有加速度，很自然地过渡到第二节《影响加速度的因素》，教师要引导学生结合生活经验设计合理的实验方案，得出加速度与力和质量的定性关系。

【教学目标】

1. 物理观念：物理学是一门以实验为基础的自然科学，掌握实验操作能力和分析能力是物理学科素养的基本要求。加速度与力、质量之间的关系在内容上体现了相互作用观、物质观以及运动观，教学中，教师要让学生通过实验体会控制变量法，对比两物体的运动情况，从而分析加速度和哪些量有关。

2. 科学探究：参与实验，体验科学探究过程，培养学生的实验操作能力和观察能力。

3. 科学思维：通过实验现象，对比、归纳、分析、演绎、实证等思维方式，揭示现象中存在的物理规律，发展学生的科学思维。

4. 科学态度与责任：培养学生崇尚科学、尊重事实、实验与推理相结合的科学探究态度，通过小组协同实验、讨论交流发展学生的团队合作能力。

【学习重难点】

1. 重点：控制变量法的使用，如何提出实验方案并使实验方案合理可行，实验结果的分析与处理。

2. 难点：如何提出实验方案并使实验方案合理可行，实验结果的分析与处理。

【学生"前概念"分析】

通过直线运动、牛顿第一定律、物体平衡条件等内容的学习，学生对加速度与力和质量之间的关系已经有了一些初步的认识。尤其是牛顿第一定律提到的力是改变物体运动状态的原因，这个观点很容易让学生想到力和加速度的关系。此时我们再结合生活经验，思考并设计实验探究影响加速度的因素，这样的过渡很顺畅。

【教学流程设计】

创设情境 提出问题	思维加工 建立规律	理解规律 明确条件	应用规律 解决问题	归纳升华 形成脉络
猜测摩托车、汽车、喷气式战斗机谁提速比较快。说说猜测理由，然后观看视频，再次讨论看到的情形	学生猜测影响加速度的因素，并初步论证	用控制变量法设计实验，探究质量对加速度的影响	用控制变量法设计实验，探究质量和力对加速度的影响	实验需要定性探究，也需要进一步定量探究，设计实验初步引入定量探究方法，为下一节课做准备

【教学过程】

环节	教师活动	学生活动	设计意图
复习回顾，提出问题	提问牛顿第一定律： 一切物体总保持匀速直线运动状态或静止状态，直到有外力迫使它改变这种状态为止。 牛顿第一定律告诉我们两个方面的问题：一是当物体不受力时，其保持匀速直线运动状态或静止状态；二是当物体受到力的作用时，其运动状态会发生改变。 观看图片提出问题：视频中出现了三种交通工具——摩托车、汽车、喷气式战斗机，首先猜测谁提速比较快，说说你的猜测理由。 观看视频，看看到底是谁提速比较快：从视频中能看出，摩托车提速比较快，究竟是什么原因呢？ 问题小结：力和质量可能是影响加速度的因素	学生回答：我猜测是摩托车提速较快，因为摩托车比较轻，比较灵活。 学生回答：我觉得飞机提速比较快，因为飞机的牵引力很大。 学生猜想：力是影响加速度的因素，质量也是影响加速度的因素	通过视频让学生知道物体加速的快慢不但和质量有关，还和物体的受力有关，顺利地引导学生设计实验去探究影响加速度的因素

续　表

环节	教师活动	学生活动	设计意图
演示实验，探究力对加速度的影响	实验过程：选取两根相同的封底亚克力管，其中一根里装满纯净水，另一根中装满食盐水（密度比纯净水大）；取两个相同的小塑料瓶（密封），底部粘上一块磁铁（重心较低，在水中比较稳定，便于控制）。首先用铁块将纯净水中浮着的塑料瓶吸引到管的底部，然后用一钢制刻度尺将其吸引到底部，再用同样的方法把食盐水中的塑料瓶吸引到管的底部。让两个学生竖直地拿稳两根管，将底部的钢制刻度尺迅速取下，比较两根管中的塑料瓶上升的快慢情况。先分别让学生记录两次的时间，再同时释放塑料瓶对比一次。 提问实验现象：请同学说说两根管中塑料瓶的运动差别。为什么会出现这种差别。请分析原因（让学生画出受力图）。 提问：从上面分析的情况来看，食盐水中的塑料瓶上升得较快，是因为它受到的浮力较大，这样表达准确吗？ 提问：在这个实验中，我们有什么更好的方法让这个现象更明显？ 结论：物体受到的合外力越大，加速度越大	学生回答：实验现象是食盐水中的塑料瓶上升得较快。 学生回答：食盐水中的塑料瓶上升得较快，是因为食盐水中的塑料瓶受到的浮力较大。 学生回答：从上面受力分析来看，我觉得，上升快的塑料品是因为受到的合外力大，用合外力描述更准确。 学生回答：可以用两个相同的塑料瓶，分别放在两根管中，同时释放它们进行对比	这个实验现象比较直观，浮力也是学生在初中最熟悉的力，容易接受。通过这个实验还可以让学生明白这里的"力"指的是物体的合外力，也培养了学生设计实验的能力以及合作精神。学生通过受力分析，便可以很容易地得到探究结论。 注意：塑料瓶上升过程中水的黏滞阻力经过计算可以忽略不计，因为阻力和重力及浮力相差三个数量级
演示实验，探究质量对加速度的影响	实验过程：选取两根相同不封口的亚克力管，用三通管件将两根管连接好，在两根管中各放置一个大小相同的乒乓球，其中一个注入水，质量较大（白色）。找一个肺活量较大的学生对准吹气口猛烈吹气。 吹气口 实验现象：质量较小的黄球加速较快。	学生首先细心地观察实验现象。	在探究完合外力对加速度的影响后，教师顺利地引导学生猜出影响加速度的另一因素——质量。在猜测出相关因素后学生自然而然地就会想到它们之间的关系究竟如何。设计这个实验，可以让学生清楚地看到

185

续 表

环节	教师活动	学生活动	设计意图
演示实验，探究质量对加速度的影响	提出问题：为什么要用三通管件将两条管连在一起，为什么不分开两次吹气？让学生总结实验结论：能把实验结论表达出来吗？	学生回答：选择三通管件连接可以让两个球同时受力，同一次吹气可以认为两个球的受力相同（截面积相同），达到控制合外力相同的目的。学生回答：在合外力相同时，质量大的物体加速度小	实验现象，可以轻松地得到实验结果，也激发了学生参与的热情。注意：亚克力管内侧比较光滑，摩擦系数较小，乒乓球和其之间的摩擦力很小，可以忽略。乒乓球在管中运动时可以近似地认为只受到吹气气流的作用力
验证环节	呈现实验器材：小组设计"双车比较法"来探究加速度与力及质量的关系。实验装置如图所示，将轨道分上下双层排列，两小车后的刹车线穿过尾端固定板，由安装在后面的刹车系统同时进行控制（刹车系统未画出）。挂钩上的钩码可以增减，小车中可以增减砝码。 提问：如何改变外力的大小？如何改变质量的大小？如何比较两者加速度的大小？ 提问：根据上面的实验装置，如何设计实验去探究影响加速度的因素？请简述实验思路。 结论：质量相同时，合外力越大加速度越大；合外力相同时，质量越大加速度越小	学生：可以通过增减挂钩上的钩码数改变小车的外力，可以通过在小车中增减砝码来改变小车的质量，可以通过比较位移来比较两者的加速度大小。$s = \dfrac{1}{2}at^2 \Rightarrow a = \dfrac{2s}{t^2}$，因为时间 t 相同时，小车的位移越大则加速度越大。	让学生参与实验的设计，可以使其更好地理解控制变量法的含义，让学生在探究中学会总结，学会合作。这个实验的设计也可以为下一节定量探究打下基础，还可以通过这个实验提出一些思考问题，让学生去解决，为下一节定量探究做好预习的准备

续 表

环节	教师活动	学生活动	设计意图
验证环节		学生：首先控制两辆小车质量相同，在挂钩上挂上不同数目的钩码，同时释放小车，比较两辆车的位移大小；然后控制挂钩上的钩码相同，在其中一辆小车中加上砝码，同时释放小车，比较两者的位移大小。得出实验结论。	
小结并提出思考问题	本节课主要探究的问题：影响加速度的因素。 探究方法：控制变量法。 探究结果：质量相同时，合外力越大加速度越大；合外力相同时，质量越大加速度越小	师生一起总结回顾	让学生养成总结归纳的思维习惯

【教学总结】

对于探究加速度与力、质量的关系，很多教师在教学时并不重点关注，认为有了后面的定量探究，前面的定性探究显得累赘多余。其实个人认为这种想法有很大的局限性：首先其不符合人类认知自然的实际过程，更不符合学生学习知识的认知规律，无论哪种自然规律，都是从现象认识开始，再到理论分析，不是一蹴而就直接到理论本质。学生需要的不仅是知识，还有获得知识的能力、探究发现未知领域的素养，本节课正是一节培养学生探究能力的好课例，我们需要精心设计，在这节课中培养学生观察生活实际、构建模型设计、分析实验现象、得出结论的探究素养，培养学生运用科学思维方法，从定性的现象分析到定量的理论分析，进行科学推理、找出规律、形成结论的思维习惯；培养学生使用科学证据的意识和评估科学证据的能力，使其能运用证据对研究的问题进行描述、解释和预测，具有批判性思维的意识，能基于证据大胆质疑，从不同角度思考问题，追求创新；培养学生正确认识科学的本质；使其具有学习和研究物理的好奇心与求知欲，能主动与他人合作，能基于证据和逻辑发表自己的见解。

第三节　探究加速度与力、质量之间的定量关系

中山市第一中学　张建军

【教材】

粤教版必修第一册第四章第二节。

【教学时间】

40 分钟。

【教学对象】

高中一年级学生。

【教材内容分析】

1. 课标要求：通过实验探究，理解加速度和力及质量之间的定量关系。

2. 地位和作用：本章第一节《伽利略的理想实验与牛顿第一定律》通过伽利略的理想实验和科学推理，让学生理解力并不是维持物体运动的原因，但是当物体受到外力作用时，物体的运动状态却会发生改变，那么是什么使物体的运动状态改变的？物体运动状态的改变与什么因素有关呢？通过速度是表征运动状态的物理量，速度的改变意味着有加速度，很自然地过渡到第二节《影响加速度的因素》，教师要引导学生结合生活经验设计合理的实验方案，得出加速度与力和质量的定性关系，然后通过实验探究它们之间的定量关系。

【教学目标】

1. 物理观念：物理学是一门以实验为基础的自然科学，掌握实验操作能力和分析能力是物理学科素养的基本要求。加速度与力、质量之间的关系在内容上体现了相互作用观、物质观以及运动观，教学中，教师要让学生通过实验体会控制变量法，对比两物体的运动情况，从而分析加速度和哪些量有关，确定其中的定量关系。

2. 科学探究：参与实验，体验科学探究过程，培养学生的实验操作能力和观察能力。

3. 科学思维：通过实验现象，对比、归纳、分析、演绎、实证等思维方式，揭示现象中存在的物理规律，发展学生的科学思维。

4. 科学态度与责任：通过探究实验，培养学生实事求是、尊重客观规律的科学态度；通过实验探究，激发学生的求知欲和创新精神，培养学生与人合作的团队精神。

【学习重、难点】

1. 重点：控制变量法的使用，如何提出实验方案并使实验方案合理可行，实验结果的分析与处理。

2. 难点：如何提出实验方案并使实验方案合理可行，实验结果的分析与处理。

【学生"前概念"分析】

通过直线运动、牛顿第一定律、物体平衡条件等内容的学习，学生对加速度与力和质量之间的关系已经有了一些初步的认识。尤其是牛顿第一定律中提到的力是改变物体运动状态的原因，这个观点很容易让学生想到力和加速度的关系。此时我们再结合生活经验，思考并设计实验探究影响加速度的因素，这样的过渡很顺畅。

【教学流程设计】

① 创设情境
提出问题

② 思维加工
建立规律

③ 理解规律
明确条件

④ 应用规律
解决问题

⑤ 归纳升华
形成脉络

| 指导学生探究加速度和力、物体质量的关系，知道用控制变量法进行实验 | 学生猜测影响加速度的因素，并初步论证 | 用控制变量法设计实验，探究质量和力对加速度的影响 | 通过实验，记录的数据，分析得出加速和质量及力的定量关系 | 分析生活中遇到的与本节内容相关的情形 |

【教学过程】

环节	教师活动	学生活动	设计意图
知识回顾	提问牛顿第一定律： 一切物体不受外力时总保持匀速直线运动状态或静止状态，直到有外力迫使它改变这种状态为止。 牛顿第一定律告诉我们两个方面的问题：一是当物体不受力时，其保持匀速直线运动状态或静止状态；二是力是物体运动状态改变的原因	学生回答相关概念	回顾牛顿第一定律和伽利略理想斜面实验，其已经说明力是改变运动状态的原因
新课引入	设问：有没有其他因素影响加速度呢？请观看视频。 提问：通过视频你能找出影响加速度的因素吗？你的理由是什么？ 观看视频：生活中摩托车和汽车在路口等待绿灯，观看视频中交通工具启动快慢。 问题小结：力和质量是影响加速度的因素。	学生观看视频。 学生回答：力是影响加速度的因素，质量也是影响加速度的因素。	从生活实际出发，从身边的常见事物出发，让学生更加真实、更加贴近现实地体会加速度和哪些因素有关，培养学生观察生活、走进生活的观念

191

续 表

环节	教师活动	学生活动	设计意图
新课引入		学生回答理由:加速度不仅和力有关还和物体的质量有关	
演示实验,探究力对加速度的影响——定性	实验设计:让学生讨论,根据给定的器材设计实验,提出设计方案。 实验过程呈现:选取两根相同的封底亚克力管,其中一根里装满纯净水,另一根中装满食盐水(密度比纯净水大);取两个相同的小塑料瓶(密封),底部粘上一块磁铁(重心较低,在水中比较稳定,便于控制)。首先用铁块将纯净水中浮着的塑料瓶吸引到管的底部,然后用一钢制刻度尺将其吸引在底部,再用同样的方法把食盐水中的塑料瓶吸引到管的底部。让两个学生竖直地拿稳两根管,将底部的钢制刻度尺迅速取下,比较两根管中的塑料瓶上升的快慢情况。先分别让学生记录两次的时间,再同时释放塑料瓶对比一次。 提问实验现象:请学生说说两根管中塑料瓶的运动差别,为什么会出现这种差别?请分析原因(让学生分析受力图)。 提问:从上面分析的情况来看,食盐水中的塑料瓶上升得较快,是浮力作用的结果,还是重力作用的结果,抑或是共同作用的结果? 提问:在这个实验中,我们有什么更好的力法让这个现象更明显? 结论:物体受到的合外力越大,加速度越大,加速度方向和合外力方向一致	学生讨论由小组代表回答问题。 学生分组实验:操作过程。 学生回答:实验现象。 学生分析实验现象产生的原因:画受力图	这个实验现象比较直观,浮力也是学生在初中最熟悉的力,容易接受。通过这个实验还可以让学生明白这里的"力"指的是物体的合外力,也培养了学生设计实验的能力以及合作精神。学生通过受力分析后,便可以很容易地得到探究结论。让学生提出实验改进方案,培养学生动脑动手的能力。 注意:塑料瓶上升过程中水的黏滞阻力经过计算可以忽略不计,因为阻力和重力及浮力相差三个数量级

环节	教师活动	学生活动	设计意图
演示实验探究力对加速度的影响——定量	实验原理：用沙和沙桶来拖动滑块在气垫导轨上运动，用数字计时器测出滑块经过两个光电门的时间 t_1 和 t_2，从而求出两个光电门处的速度 v_1 和 v_2，进而求出加速度 a，再研究加速度与力的关系。 提问：如何改变合外力？ 提问：如何测量滑块加速度？ 提问：如何测量滑块的速度？ 师：因为挡光片的宽度只有几毫米，所以挡光片经过光电门的平均速度可以近似等于瞬时速度。 师：采用光电计时器测出每一组合外力作用下的加速度，就可以分析质量一定时，加速度与合外力的关系。在实验中，我们需要记录哪些数据呢？ 注意事项：实验之前，先调平气垫导轨，可以通过滑块经过两个光电门时的时间是否相等，判断导轨是否调平；在气泵未打开之间，不要把滑块放在导轨上，以防磨损导轨。 学生操作实验，教师观察并指导。 投影仪展示两组学生的实验数据，并将其输入电脑，由电脑计算得出加速度。 问题：观察加速度与合外力有怎样的定量关系？ 师：为了直观地反映两组数据的关系，我们可以通过图像分析。（利用 Excel 绘制图像）	可以在沙桶中放不同的沙包： $$s = \frac{1}{2}at^2 \Rightarrow$$ $$a = \frac{2s}{t^2}$$ $$v_2{}^2 - v_1{}^2 = 2as \Rightarrow$$ $$a = \frac{v_2{}^2 - v_1{}^2}{2s}$$ 生：采用光电计时器，记录滑块经过光电门时，挡光片的遮光时间，$v_2 = \dfrac{d}{t_2}$，$v_1 = \dfrac{d}{t_1}$。 生：记录挡光片的宽度、两个光电门之间的距离和两次挡光时间。 学生分组实验并记录实验数据。 学生观察所得到的数据并分析。 质量一定时，加速度与合外力成正比	因为此实验所需实验器材较少，实验操作比较简单，实验记录数据较少，易理解、易操作，所以可以让学生独立完成。但是在实验数据处理上，计算量较大，所以将两组学生的实验数据输入电脑计算，得出加速度的数值，先让学生直观观察加速度与合外力的关系，然后绘制图像，同时体会一种科学的处理数据的方法——图像法

数据记录

实验	d(m)	s(m)	t_1(s)	t_2(s)	v_1(m/s)	v_2(m/s)	a(m/s²)	F(重力)(N)	a_1/a_2	$F_{物}/F_{后}$
1					0	0	0	0.98	0	0.667
2	0	0						1.47		
3	0	0						1.96	0	0.8
4	0	0						2.45		
5	0	0						2.94	0	0.857
6	0	0						3.43		

环节	教师活动	学生活动	设计意图
演示实验，探究力对加速度的影响——定量	问题：纵坐标为加速度，横坐标为合外力，通过图像，分析加速度与合外力有怎样的定量关系。 加速度与合外力是否成正比？我们再来看另一组数据。（绘制图像并分析） 通过分析两组数据，我们可以得到质量一定时，加速度与合外力成正比		
回归社会和生活	提出问题：我们生活中还有哪些例子可以说明加速度和力的关系？ 给出提示：我们生活中汽车加速的一个重要标志是百公里加速时间，可以看出在两车质量相同时，动力越强的加速时间越短。 	学生根据生活实际举出例子，理论联系实际，学以致用，用所学知识解决实际问题，培养科学素养，走出课本、走出机械式学习的思维模式。	

续 表

环节	教师活动	学生活动	设计意图
小结	PPT 展示： 本节课主要探究的问题：影响加速度的因素； 探究方法：控制变量法； 探究结果：质量相同时，合外力越大加速度越大，加速度大小和合外力成正比，方向和合外力方向相同	学生和教师共同参与回顾。	让学生养成总结归纳的思维习惯

【教学总结】

从物理观念的角度进行导入——物体运动状态改变与物体受力、物体自身的质量有什么关系？倘若这么直白地引入必然会让课堂显得枯燥无味，我们借助生活实例，从学生身边的例子、学生接触到的例子引入，增强学生的学习兴趣。我提出问题——那么加速度与什么因素有关呢？充分听取学生的猜想后，再进行合理的引导。通过亚克力管中的浮力小瓶子在盐水和纯净水中的上浮对比，得到初步的定性结论。我再从科学思维的角度提出问题——如何在实验室的环境下，构建一个实验模型（小车、沙和沙桶、气垫导轨等）来实现我们研究物体的加速度与力的关系？我从科学探究的角度继续发问——如何对我们构建的实验模型设计一个切实可行的实验方案？其中包括小车的加速度、质量、所受的合外力如何测量，实验中摩擦力情况如何，实验步骤如何完成，实验数据如何处理等，让学生参与模型构建和方案设计，鼓励学生个体的参与，加强学生求知的主动性，突出学生学习的主体地位，这既是新课标的要求，也是核心素养的要求。在制订方案的过程中我采取了小组合作的方式，让学生面对共同的问题可以集思广益，出现分歧时还可以讨论解决，培养了学生的集体荣誉感和团结协作精神，也培养了小组之间的竞争意识。不可否认，学生之间的互相帮助与促进往往比教师督促更加有效。

第四节　牛顿第二定律

中山市第一中学　邱锦辉

【教材】

粤教版必修第一册第四章第三节。

【教学时间】

40 分钟。

【教学对象】

高中一年级学生。

【教学内容分析】

1. 课标要求：通过实验，探究物体运动的加速度与物体受力、物体质量的关系。

2. 教材地位和作用：本节课是粤教版物理必修第一册第四章第三节"牛顿第二定律"的第一课时。高中力学部分是以牛顿定律为基础所构建的体系，在牛顿三大定律中，牛顿第二定律为核心内容。本节是一节实验探究课，通过探究加速度与力、质量的关系，得到这三个物理量之间的定量关系，进而提出牛顿第二定律 $F_{合} = ma$。本节课应用控制变量法研究问题和用图像法处理数据，这两种方法在高中物理的学习中十分重要。本节课不论是从知识角度看还是从培养学生能力的角度看都很重要。

【教学目标】

1. 物理观念：理解物体运动状态变化的快慢（即加速度大小）与力有关，与质量也有关，建立基本的相互作用观。

2. 科学思维：通过实验，探究加速度与力和质量的定量关系，学习探究的方法，体验探究的过程；能将实际问题中的对象和过程转化成物理模型；能对物理问题进行分析和推理，获得结论并做出解释；能使用证据证明物理结论。

3. 科学探究：设计实验，发现证据，对实验数据进行处理，并根据数据结果得出结论。

4. 科学态度与责任：通过实验，培养学生实事求是、尊重客观规律的科学态度；通过探究激发学生的求知欲和创新精神，培养其与人合作的团队精神。

【学习重难点】

1. 重点：培养学生的动手能力，控制变量法的使用，用图像法研究加速度 a 与力 F、质量 m 的关系。

2. 难点：控制变量法的使用，怎样引导学生用图像法研究实验数据。

【学生"前概念"分析】

学生已经学过牛顿第一定律，对力与运动的关系有了一定的认识，知道力是物体运动状态改变的原因，是产生加速度的原因，也能从惯性的角度理解质量会影响物体的运动状态。基于这些已有的知识结构，学生再探究影响加速度的因素就比较容易切入主题。

【教学流程图】

创设情境 提出问题	猜想与初 步论证	设计方案 进行实验	收集证据 分析论证	交流评估 深层思考
从牛顿第一定律入手，分析力与运动的关系，提出问题	学生猜测影响加速度的因素，并初步论证	用控制变量法设计实验，定性探讨加速度和合外力的关系；用控制变量法设计实验，定性探讨加速度和质量的关系	收集证据，定量探讨加速度和合外力的关系；收集证据，定量探讨加速度和质量的关系	总结规律，交流结果

【教学过程】

环节	教学内容及教师组织活动	学生主体活动	设计意图
引入	1. 复习牛顿第一定律，揭示力与运动的关系。 教师引导学生回顾牛顿第一定律的内容，分析得到力不是维持运动的原因，力是物体运动状态改变的原因，力是产生加速度的原因。 2. 影响加速度的因素。 质量是物体惯性的量度，惯性越大，物体运动状态改变越困难。 教师引导学生分析得到：质量也是影响加速度的因素	温故知新，从对牛顿第一定律的内容分析得出影响加速度的因素	
探究加速度和合外力的关系	1. 发现问题，提出猜想 质量一定的情况下，合外力越大，加速度越大。		

续 表

环节	教学内容及教师组织活动	学生主体活动	设计意图
探究加速度和合外力的关系	2. 设计实验，验证猜想 实验一：斜面对比实验。（定性探究加速度和合外力的关系） （1）实验目的：保持质量一定，定性探究加速度 a 与合外力 F 的关系。 （2）器材：两根一样长的轨道，两个相同的小球。 （3）实验原理： $F_合 \approx mg\sin\theta$ $s = \frac{1}{2}at^2$ m 相同，倾角越大，合外力越大；s 相同，t 越小，a 越大。 （4）实验现象：两个相同的小球，同时从倾角不同的轨道上下滑。倾角越大（合外力越大），时间越短（加速度越大）。 实验二：传感器实验。（定量探究加速度和合外力的关系） （1）实验目的：保持质量一定，定量探究加速度 a 与合外力 F 的关系。	学生分组实验，观察实验现象，总结实验结果，分析物理原理。教师演示传感器实验，学生辅助操作，分析实验数据，得到定量结论。	动手实验，培养动手操作能力

环节	教学内容及教师组织活动	学生主体活动	设计意图
探究加速度和合外力的关系	（2）实验器材：光电门传感器、挡光片、数据采集器、电脑、导轨、小车、小桶、小车配重（50 g）、小桶配重（5 g）。 小车加挡光片质量：0.090 kg； 小桶质量：0.005 kg。 （3）实验原理： 光电门测加速度原理： $$v_1 = \frac{L_{挡光片}}{t_1}, \quad v_2 = \frac{L_{挡光片}}{t_2},$$ 合外力的大小： ① 平衡摩擦力； ② $M \gg m$，合外力约等于小桶及其配重的重力。 （4）操作实验（学生辅助教师更换小桶的配重，进行实验，获取数据）。 （5）数据处理（作图法）。用 Excel 表格处理数据。 3. 实验结果 本实验从定量角度说明物体质量一定的情况下，在误差允许的范围内加速度和合外力成正比。	学生处理数据，掌握连线的规则，通过图像分析得出实验结果	

环节	教学内容及教师组织活动	学生主体活动	设计意图
探究加速度和物体质量的关系	1. 发现问题，提出猜想 合外力一定的情况下，质量越大，加速度越小。 2. 设计实验，验证猜想 实验一：小球弹射实验。（定性探究加速度和质量的关系） （1）实验目的：保持外力一定，探究加速度与质量的关系。 （2）器材：弹射装置一套（弹射架一个，亚克力圆管一根，塑料小球一个，铁球一个）。 （3）实验原理： 弹射装置中弹簧每次拉伸到底，弹力远大于重力，可以近似认为每次弹射合外力相同。 比较塑料小球和铁球（质量不同）的弹射高度，小球在弹簧弹射过程中加速度越大，获得的初速度越大，弹射高度越高。 （4）实验现象： 塑料小球（质量小）弹射的高度大于铁球（质量大）弹射的高度。 合外力一定的情况下，质量与加速度负相关。	学生分组实验，观察实验现象，验证猜想。 学生处理数据，掌握连线的规则，通过图像分析得出实验结果	动手实验，培养动手操作能力。 激发学习兴趣

环节	教学内容及教师组织活动	学生主体活动	设计意图
探究加速度和物体质量的关系	实验二：传感器实验。（定量探究加速度和质量的关系） （1）实验目的：保持合外力一定，定量探究加速度 a 与质量的关系。 （2）实验器材：同上。 （3）实验原理： 光电门测加速度（原理同上）。 改变小车的配重，进而改变小车的质量。 （4）操作实验（学生辅助教师更换小车的配重，进行实验，获取数据）。 （5）数据处理（作图法）。用 Excel 表格处理数据。 3. 实验结果 本实验说明物体合外力一定的情况下，在误差允许的范围内加速度和质量成反比		

202

环节	教学内容及教师组织活动	学生主体活动	设计意图
总结 与 拓展	1. 实验结论 加速度 a 与外力 F 和质量 m 之间的关系如下： $a \propto F_{合}$ 和 $a \propto \dfrac{1}{m}$ 写成 $a \propto \dfrac{F_{合}}{m}$ 和 $a = k\dfrac{F_{合}}{m}$ 2. 牛顿第二定律 内容：物体的加速度与物体所受到的作用力成正比，同方向，与物体的质量成反比。 关于力的单位"牛顿"的定义：能使 $m = 1\ \text{kg}$ 的物体产生 $1\ \text{m/s}^2$ 的加速度的力为 $1\ \text{N}$。 $a = \dfrac{F_{合}}{m}$ 3. 牛顿第二定律含义的理解 略		

【教学总结】

本节课旨在发展高中生的核心素养，围绕加速度与合外力以及质量的关系，以实验探究为手段，充分调动学生的积极性，让学生体验科学研究的方法，获得具体的成果，得到成功的体验，使课堂效率达到最大值。在实验探究阶段，我们既有用有趣的自制教具进行的学生分组定性探究实验，也有用高端的传感器进行师生合作的定量探究实验。从定性到定量，这样的探究方式符合学生的认知规律，易于学生知识的建构。在实验探究过程中，我们注重提高学生的证据意识——猜想要有依据，学生猜测加速度与合外力或者质量有关，要有猜测的理由，如从牛顿第一定律出发推理得到的结果或者源于生活的经验等。此外，我们还注重培养学生记录和分析实验数据的能力，即使是定性实验，也有观测的数据需要记录，要秉承严谨认真、实事求是的科学态度。

第五节　向心力

中山市第一中学　和晓东

【教材】

粤教版必修第二册第二章第二节。

【教学时间】

40 分钟。

【教学对象】

高中一年级学生。

【教学内容分析】

1. 课标要求：通过实验，探究并了解匀速圆周运动的向心力大小与半径、角速度、质量的关系；知道匀速圆周运动的向心加速度的大小和方向。

2. 教材地位和作用：本节内容是在了解了圆周运动基本知识之后，尝试从动力学角度研究圆周运动产生的原因，详细学习向心力和变速圆周运动的知识。它与生活实际联系紧密，在物理学中占有重要地位，也是本章的重点和难点。学生掌握好这部分知识，可以为后面万有引力定律和带电粒子在匀强磁场中的运动的学习打好基础。

【教学目标】

1. 物理观念：理解向心力和向心加速度，并进一步建立运动与相互作用观，体会牛顿第二定律的普适性；知道向心力大小与哪些因素有关，知道向心力、向心加速度公式的含义。

2. 科学思维：能结合生活实例对具体情境中的向心力来源进行分析，发展模型建构能力和科学推理能力。

3. 科学探究：通过探究影响向心力因素的实验设计与检验过程，培养科学探究意识与能力；通过同学间的讨论与交流，培养合作学习与相互交流的能力。

4. 科学态度与责任：通过探究性活动，体会成功的愉悦，激发参与物理学习活动的兴趣，同时形成注重应用、理论联系实际的意识。

【学习重难点】

1. 重点：向心力、向心加速度概念的建立；理解向心力的来源，并能用公式进行计算。

2. 难点：理解向心力的来源，探究向心力大小的实验设计。

【学生"前概念"分析】

学生已经知道了曲线运动、圆周运动的相关知识，并且能够准确而熟练地进行受力分析和运用牛顿运动定律。因此，我们可以让学生在教师的引导下分析向心力来源，建立向心力和向心加速度的概念。高一学生的认知遵循从感性到理性的规律，教师可通过创设情境，让学生亲身体验感性认识，对知识进行理性掌握。高中生具有极大的好奇心，并且已经初步掌握了探究未知事物的一般方法，因此教师可以引导他们自主设计实验，解决自己的困惑。

【教学流程设计】

创设情境 提出问题	猜想与初 步论证	设计方案 进行实验	收集证据 分析论证	交流评估 深层思考
利用趣味小实验——巧搬乒乓球激发学生的挑战欲，引起学生的学习兴趣	学生通过分析做圆周运动物体的受力，总结其共同点，尝试建立向心力的概念，猜想影响向心力的因素	设计实验方案，自制实验教具，定量探究影响向心力的因素	用力学传感器获取数据，定量得到向心力与各个因素间的关系。结合牛顿第二定律，提出向心加速度的概念，并利用理论导出向心加速度的计算公式	通过具体实例让学生初步体验圆周运动中向心力的来源，并对圆周运动中力和运动的关系有较深入的认识，帮助学生巩固概念，发展思维

【教学过程】

教学环节	教师活动	学生活动	设计意图
巧设实验 引入新课	开展趣味小实验——巧搬乒乓球：将乒乓球置于一个倒立的红酒杯中，让学生动手将乒乓球从桌子的一端搬运到另一端，激发学生的挑战欲。 将乒乓球置于倒立的红酒杯中，旋转酒杯，使乒乓球在酒杯中做圆周运动，从而保证乒乓球不会掉下来。学生亲自动手体验乒乓球在杯子中做圆周运动，并且不会掉下来。 提出问题：做圆周运动的物体受力有什么特点？	观看，感受，思考做圆周运动的物体受力有什么特点	创设学习圆周运动的情境，激发学生的学习兴趣，这是引入新课的指导思想。通过趣味小实验，引导学生归纳出圆周运动的特点，让学生思考圆周运动的条件，使学生思维快速进入新课

续表

教学环节	教师活动	学生活动	设计意图
创设情境建立概念	创设以下三种情境，学生通过分析做圆周运动物体的受力，总结其共同点，尝试建立向心力的概念。 1. 酒杯中转动的球（匀速圆周运动） 2. 水槽中转动的铁球（匀速圆周运动） 3. 圆盘上转动的木块（匀速圆周运动） 通过三个实验中物体的受力分析，学生发现规律——做匀速圆周运动的物体都会受到指向圆心的合力作用，从而提出向心力的概念：做匀速圆周运动的物体会受到始终指向圆心的合外力，这个力叫作向心力。通过对比分析，归纳总结，加深学生对向心力定义及其方向的认识。	分析：乒乓球受到重力、支持力的作用，使物体做圆周运动的力——指向圆心的合力。 分析：小球受到重力、底面对其的支持力以及槽对其的弹力。使物体做圆周运动的力——槽对其指向圆心的弹力。 分析：小木块受到重力、支持力以及静摩擦力，合力指向圆心。使物体做圆周运动的力——指向圆心的静摩擦力	从学生熟悉的物理情境入手，引导学生从已有物理知识出发进行思考，把握向心力的概念这一重点。 通过学生亲身体验、分析多个圆周运动中向心力的来源，逐步加深学生对"向心力是效果力"的认识，以此来突破难点

续 表

教学环节	教师活动	学生活动	设计意图
创设情境建立概念	特点： 1. 物体做圆周运动需要的向心力是由其他的力来提供的。 2. 向心力的方向与速度的方向垂直，只改变速度方向，不改变速度大小。 3. 向心力是按效果来命名的，不是一种新的特殊性质的力		
大胆猜想细心实验	现将教材实验进行改进，进一步创设可以感知向心力的情境，让物体做圆周运动：分别改变运动半径、质量和转动速度，感受手上拉力的改变。 教材小实验　　自制教具——向心力笔 改装 动手体验并猜想：拉力的大小可能与钢球的质量 m、线速度 v、角速度 ω、周期 T、半径 r 有关。采用控制变量法，若保持钢球的质量 m、线速度 v、角速度 ω、周期 T 不变，半径 r 不可能变化。物体做匀速圆周运动的 m、v、ω、T、r 这五个物理量中，只要有三个量确定了，其他两个量也就跟着确定了。所以只需要研究向心力与 m、v、ω、T、r 这五个物理量中三个物理量的关系，排除相关因素，就可以得到最终需要验证的关键物理量。 1. 学生猜想：向心力大小可能与做圆周运动的物体的质量 m、运动半径 r 和角速度 ω 有关。学生体验后，感觉向心力与这些物理量有如下关系：	动手体验，思考讨论，归纳总结。 在教师的引导下，分析向心力来源的同时进行思考：向心力的大小与哪些因素有关？	分步引导的方法符合高一学生的认知水平，使学生深刻理解实验原理，排除无关因素并且整合相关因素，得到关键影响因素。 在实验中引导学生分析、解决问题，以提高学生的实验能力。 学生亲身经历"提出问题→猜想与假设→交流与合作→设计实验→实验探究→分析与论证→得出结论"的科学探究过程，加深对科学探究的理解，培养严谨、细致、耐心的实验修养，实事求是、尊重客观规律的科学态度，并体会实验在探索物理规律中的作用。这个环节突出了重点，学生成功演绎了真理发现的过程

教学环节	教师活动	学生活动	设计意图
大胆猜想 细心实验	质量 m、半径 r 一定，角速度 ω 越大，向心力越大；质量 m、角速度 ω 一定，半径 r 越大，向心力越大；角速度 ω、半径 r 一定，质量 m 越大，向心力越大。 2. 设计实验——控制变量法，保持其中两个物理量不变，研究另一个量与向心力的关系。 问题1：如何改变运动物体的质量？（盘码）  问题2：如何让物体做匀速圆周运动并测量角速度？ 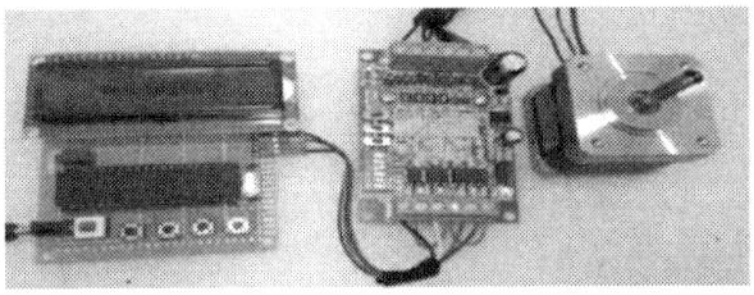 问题3：如何测量运动物体所需的向心力？ 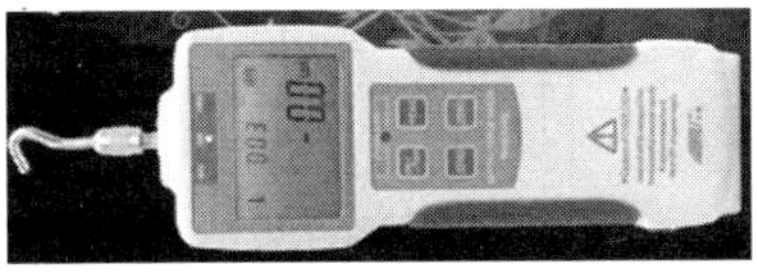 问题4：如何测量物体做圆周运动的半径？（直尺）  最终设计下图实验装置，进行实验探究。		

教学环节	教师活动	学生活动	设计意图
大胆猜想 细心实验	 3. 实验探究。 实验一：探究向心力的大小与物体质量的关系。 控制步进电机的转速与物体圆周运动的半径不变，改变物体质量，测量不同质量对应的绳子拉力——向心力的大小。将质量及对应的向心力数据导入 Excel 表格，作出拉力与质量 $F-m$ 的图像，可以明显发现，二者呈正相关关系。 <table><tr><td>m/kg</td><td>F/N</td></tr><tr><td>0.02</td><td>0.57</td></tr><tr><td>0.03</td><td>0.8</td></tr><tr><td>0.04</td><td>0.9</td></tr><tr><td>0.05</td><td>1.1</td></tr><tr><td>0.06</td><td>1.32</td></tr><tr><td>0.07</td><td>1.47</td></tr><tr><td>0.08</td><td>1.66</td></tr><tr><td>0.09</td><td>1.78</td></tr><tr><td>0.10</td><td>1.99</td></tr><tr><td>0.11</td><td>2.14</td></tr><tr><td>0.12</td><td>2.32</td></tr></table> 因此可以得到结论：物体做匀速圆周运动的半径和角速度一定时，所需向心力与物体的质量成正比。		

教学环节	教师活动	学生活动	设计意图
大胆猜想 细心实验	实验二：探究向心力的大小与运动半径的关系。 控制步进电机的转速与物体质量不变，改变物体圆周运动的半径，测量不同半径对应的绳子拉力——向心力的大小。将半径及对应的向心力数据导入 Excel 表格，作出拉力与半径 $F-r$ 的图像，可以明显发现，二者也呈正相关关系。 *见下表及图像* 因此可以得到结论：物体做匀速圆周运动的角速度和质量一定时，所需向心力与物体的运动半径成正比。 实验三：探究向心力的大小与角速度的关系。 控制物体圆周运动的半径与物体质量不变，改变步进电机的转速 n，测量不同转速 n 对应的绳子拉力——向心力的大小。将质量及对应的向心力数据导入 Excel 表格，通过公式换算，作出拉力与角速度的平方 $F-\omega^2$ 的图像，可以明显发现，二者也呈正相关关系。		

r/m	F/N
0.052	0.54
0.085	0.76
0.108	0.94
0.135	1.16
0.15	1.25

教学环节	教师活动	学生活动	设计意图

大胆猜想
细心实验

转速 (n/min)	ω (rad/s)	ω^2 (rad/s)^2	F（N）
51	0.85	0.72	0.57
102	1.70	2.89	1.23
154	2.57	6.59	2.52
205	3.42	11.67	4.11
308	5.13	26.35	8.09

因此可以得到结论：物体做匀速圆周运动的半径和质量一定时，所需向心力与物体运动角速度的平方成正比。

基于上述研究，结果用公式呈现如下：$F_{向} = km\omega^2 r = km\dfrac{v^2}{r}$。其中 k 为系数。为了方便，我们就认为 1 kg 的物体做圆周运动，若运动半径为 1 m、角速度为 1 rad/s，则需要的向心力为 1 N，即 $F_{向} = m\omega^2 r = m\dfrac{v^2}{r}$

理论推导
强化概念

下面，引导学生思考。根据力是产生加速度的原因，可知做圆周运动的物体在向心力 F 的作用下必然要产生一个加速度。根据牛顿第二定律得到这个加速度的方向与向心力的方向相同，始终指向圆心，所以称为向心加速度。

思考，讨论，推导

先讲向心力，后讲向心加速度，回避了用矢量推导向心加速度这个难点

续 表

教学环节	教师活动	学生活动	设计意图
理论推导强化概念	向心加速度的作用效果与向心力的作用效果一样，只改变速度的方向。结合牛顿第二定律，提出向心加速度的概念，并利用理论导出向心加速度的计算公式，即 $a_{向} = \omega^2 r = \dfrac{v^2}{r}$，强化向心加速度的效果——方向始终沿半径指向圆心，不改变速度的大小		
学有所得回归生活	为了帮助学生消化理解新知识，把枯燥的知识带到生活中去，设置课前引入部分的几个问题和生活中有关向心力的问题让学生去讨论，让学生意识到物理既源于生活又走向生活，同时起到前后呼应的作用。 1. 飞车和过山车通过圆周最高点时的向心力是由哪些力来提供的？ 2. 装有水的杯子在竖直平面内做圆周运动，到最高点时杯口朝下，水做圆周运动的向心力由哪些力来提供？ 3. 假设你坐在一辆车上，周围没有其他乘客，也不靠在车厢上，当车子转弯时，你的向心力是从哪里来的？ 最后进行课堂小结，回顾整节课的内容	思考，讨论，交流	通过具体实例让学生初步体验圆周运动中向心力的来源，并对圆周运动中力和运动的关系有较深入的认识，帮助学生巩固概念，发展思维

【教学总结】

该堂课创设的物理情境不仅使学生经历了建立概念、发现规律的过程，也很好地落实了过程目标和情感目标。

学生主动参与探究的全过程，成为学习的主体，激发了求知欲望，加深了对知识的理解。在探究过程中，教师要给学生提供必要的实验器材和多媒体资源。比如，让学生知道什么是步进电机，真正地见到了力传感器，对相关的创新实验的器材有了切身的感知；知道了可以借助其他工具非常迅速地处理数据……教师引导学生去发现问题，使学生产生探究的动机，从而提出问题、解决问题、体验问题。整个教学过程中，教师是一个引导者和参与者、组织者和帮助者，学生是学习的主人，课堂上，教师要组织引导学生交流、讨论，充分重视学生在探究过程中的情感、态度与价值观的培养。学生能在愉快的教学环境中获得知识和培养思维能力。

学生在"玩"中获得成功的愉悦，这种探究性学习模式在物理教学中的应用真正体现了"以学生为中心""教师为主导、学生为主体"的教学原则，比教师讲和做好得多，达到了事半功倍的效果。

当然，教学过程中也存在相应的问题，如数据的处理过于迅速，学生只是知道了结果，没有经历处理数据的过程，可能会使他们的印象不是很深刻；由于时间限制，学生实例分析的安排不是很足等。

第六节　练习使用多用电表

中山市第一中学　钟　路

【教材】

粤教版必修第三册第四章第四节。

【教学时间】

40 分钟。

【教学对象】

高中二年级学生。

【教学内容分析】

1. 课标要求：会使用多用电表。

2. 教材地位和作用：本节课介绍的多用电表既是串并联电路和闭合电路欧姆定律等知识的具体运用，又是判断电路故障、检测电路元件的重要工具。欧姆表的原理、中值电阻的推导、测量误差的分析对培养学生的逻辑思维有着重要作用，并且通过使用多用电表，也能大大提高学生的动手能力。

【教学目标】

1. 物理观念：了解多用电表的结构，能用串并联知识分析其原理。

2. 科学思维：分析欧姆表原理时，通过特殊值推及一般情况，突出演绎法这种科学思维的运用。

3. 科学探究：通过判断二极管的极性、探究电容器的特性等活动提高学生的科学探究意识和能力。

4. 科学态度与责任：使用多用电表检测损坏电器的故障，在应用中培养学生的动手能力和分析能力，培养学生实事求是、理性分析的科学态度。

【学习重难点】

1. 重点：练习使用多用电表测量各个电学量。

2. 难点：运用串并联知识理解欧姆表原理、多用电表的结构。

【学生"前概念"分析】

学生通过学习，已经能理解串并联的规律，通过学习电流表和电压表的改装及原理；能够将表头的读数转变为改装后电表的读数，这对理解欧姆表的原理有很大帮助。虽然学生有一些基础，但是欧姆表刻度不均匀的特性使学生一时难以构建模型；另外多用电表的结构复杂，工作原理多变，对于初学者来说是难点，教学需要循序渐进。

【教学流程设计】

① 创设情境 提出问题	② 猜想与初步论证	③ 设计方案 进行实验	④ 收集证据 分析论证	⑤ 交流评估 深层思考
观看维修手机充电器的片段，提出问题：多用电表是如何检测出充电器的问题的？	多用电表应该具有测量电压、电流等多种功能，观察了解多用电表的结构，知道选择开关、表盘和调零旋钮	用多用电表测量电流、电压和电阻，重点经历欧姆调零—换挡—再调零—再测量等欧姆表的使用步骤	欧姆表为何能读出电阻的阻值？它的工作原理是什么？为何说中值电阻是欧姆表的内阻	利用多用电表检测简易用电器的故障

【教学过程】

教学环节	教师活动	学生活动	设计意图
创设情境 提出问题	观看电器维修视频，引起学生兴趣： 提问：电器维修中用的万用表是什么？它该如何使用呢？	观看，感受	结合生活应用，让学生知道很酷的电器维修需要用到多用电表，激发学生兴趣
感 性 认 识，了 解 多 用 电 表 外 部 结 构	将面板的各个部分标号，让学生知道各个部分的结构，包括表盘分区。 指导学生调节机械调零旋钮。 指导学生调节欧姆调零旋钮。 多用电表有多个挡位，可以测量交、直流电压，直流电流和电阻，下面请同学们阅读课本"阅读与实验探究"部分，完成直流电压、直流电流和电阻这三个物理量的测量。 讨论和交流：同学们在使用过程中，有什么感受和发现呢？ 师：看来大家都用心去做了实验，总结的问题都很好，这也是欧姆挡在使用过程中与传统电表的不同之处。	用螺丝刀调节机械调零旋钮，感受什么是机械调零。 按教师指导完成欧姆调零，感受欧姆调零与机械调零的区别。 阅读课本，按课本提示的步骤完成三个物理量的测量。 1. 使用电流挡和电压挡时，方法和平时使用电流表、电压表没什么不同？	讲得再多，看得再多，都不如自己亲身体验来得深刻。 多用电表的使用步骤并不困难，学生们通过阅读和合作，能够完成这个任务，通过阅读使用步骤明显能增强学生的成就感。 培养学生的观察思考的能力，能和电压、电流表的使用方法进行对比分析。

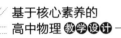
续 表

教学环节	教师活动	学生活动	设计意图
感性认识，了解多用电表外部结构	师：无论选哪个挡位，欧姆表能测量的范围都是 0 ~ ∞，但是欧姆表的表盘并不是均匀的，表现为右边稀疏，左边密集。一般只有中间区域的刻度接近均匀，只有指针指向中间区域时读数才是比较准确的，所以换用不同倍率测量，读数会有误差，就显得不同。 师：欧姆表还有一个特点，就是每次换倍率后，都需要重新进行欧姆调零，所以结合以上两点，欧姆表的使用步骤可以归纳为 检查机械零点 ↓ 选挡 ↓ 欧姆调零 ↓ 测电阻 ↓ 指针偏转合适吗? 过大或过小 / 合适 ↓ 记录数据 ↓ 置OFF挡或交流电压最高挡结束测量	2. 欧姆表很奇怪，用"×1"挡测量的读数，和用"×10"挡测出来的读数不太一样。 3. 用"×1"挡测量后换"×10"挡，原来的欧姆调零不一样了。 根据总结的流程图，再次进行电阻的测量	
原理分析	欧姆表是如何测出电阻的? 其实它也是利用灵敏电流计（表头）改装而来的。给出具体参数（电动势1.5V，电源内阻1Ω，表头满偏电流1mA，内阻200Ω） 红黑表笔短接时，意味着两表笔间电阻为0，此刻调节电阻 R，使得电流表指针满偏。根据欧姆定律可知：	和欧姆调零步骤印证。 思考，分析，计算，印证欧姆表表盘左密右疏的特点	由特殊推及一般，降低理解难度。既让学生理解了欧姆表的改装原理，也印证了欧姆表表盘左密右疏的特点

教学环节	教师活动	学生活动	设计意图
原理分析	$I_g = \dfrac{E}{R + r + R_g}$ 令 $R + r + R_g = R_内$，则 $R_内 = 1.5 \text{k}\Omega$ 如果表笔间接入一个电阻 $R_{x1} = 1.5 \text{k}\Omega$，根据欧姆定律可知： $I = \dfrac{E}{R_内 + R_x} = 0.5 \ (\text{mA})$ 所以我们可以认定当电流表示数为 0.5mA 时，红黑表笔之间阻值是 $1.5 \text{k}\Omega$。 问题：如果我们接入的电阻是 $0.5 \text{k}\Omega$、$3 \text{k}\Omega$，那么电流表的示数应该是多少？ 总结：R_x 与 I 满足 $I_x = \dfrac{E}{R_内 + R_x}$ 的一一对应关系，我们就可以将表盘上原本标注的电流 I 根据公式换成 R_x 的值，于是就将电流表改装成欧姆表了		
拓展应用，用多用电表检测出电路板中坏掉的电阻	提前准备一些电路板，将其中的某个电阻弄坏，让学生用欧姆表检测，发现故障电阻。 	按多用电表的操作步骤，依次测出每个电阻元件的阻值，发现损坏的电阻元件	回顾引入，让学生感受电器维修过程，学以致用，在应用中学习掌握多用电表的用法

续 表

教学环节	教师活动	学生活动	设计意图
拓展应用 用多用电 表检测出 电路板中 坏 掉 的 电阻			

【教学总结】

课标对本节内容的描述是"会使用多用电表",所以本节课关键在于让学生操作,一定要留时间让学生去操作,注重他们的体验。整节课都是围绕操作来进行的,在操作的过程中,机械调零和欧姆调零的区别不用言传,学生自然能领悟;换挡后需要重新进行欧姆调零也在操作中被学生自己发掘,学生记忆深刻。欧姆表的读数何时更准,可以不用直接告诉学生,以讨论和交流的方式,让学生自己发现问题(用任何倍率挡都可以测量,哪一个更准确),培养学生的观察、质疑能力。

本节课的难点是欧姆表的原理,为突破难点,教师特别提供了欧姆表的具体数据,方便学生计算。由特殊值推及一般,符合高中生的认知规律,降低了学生理解的难度,也是演绎法这种科学思维的渗透,为学生以后面对困难问题时,提供了一种突破的方法。

现阶段让学生去检测一块集成电路板的故障还不现实,所以教师可以有意破坏电路板上的某些电阻元件,让学生检测电阻元件,并发现故障元件。这个活动可能学生没法完成,但是让课堂知识与生活应用有机地结合起来,提高学生的兴趣的同时,再次强调了学以致用的课程精神。

第七节　测定玻璃的折射率

中山市第一中学　邱锦辉

【教材】

粤教版选择性必修第一册第四章第二节。

【教学时间】

40 分钟。

【教学对象】

高中二年级学生。

【教学内容分析】

1. 课标要求：通过实验，理解光的折射定律；会测量材料的折射率。

2. 教材地位和作用：本节课是安排在光的折射定律之后进行的，是高中阶段唯一的几何光学实验，完成该实验能加深学生对光的折射定律和折射率的理解和应用。

【教学目标】

（本节课属于实验课，重点突出该课在培养学生科学探究素养中的作用。）

1. 物理观念：理解折射率的意义。

2. 科学思维：掌握用插针法确定光路的方法，学会将该方法迁移到半圆形玻璃砖或者三角形玻璃砖上，培养学生运用数学知识处理实验结果的能力以及知识迁移的能力。

3. 科学探究：通过探究，掌握用光的折射定律测定玻璃的折射率的方法；能够独立设计实验，收集证据，处理数据。

4. 科学态度和价值观：培养学生将物理实验和物理理论学习相统一的科学态度，培养学生遵守纪律、爱护实验器材和设备的良好习惯，培养学生的团结合作精神和协作意识。

【学习重难点】

1. 重点：用插针法测定玻璃折射率的方法、数据处理、实验注意事项。

2. 难点：用光的折射定律测定玻璃的折射率的方法、用插针法确定光路的方法，利用插针法测定其他透明介质的折射率以及常见的误差分析。

【学生"前概念"分析】

学生学习了折射定律，对折射率的计算方法较为熟练；学生能够利用数学知识（三角函数和图像）处理数据；学生具备一定的观察、归纳、总结和动手能力，具有一定的误差分析和解决问题的能力。

【教学流程设计】

创设情境 提出问题	猜想与初 步论证	设计方案 进行实验	收集证据 分析论证	交流评估 深层思考
通过课堂小实验引入：激光以一定的角度射入玻璃砖，发生了光线平行迁移的现象，讨论现象背后的物理规律，提出问题	光经过不同介质发生了折射，可以利用折射定律测定玻璃的折射率	学生进行实验。方案设计。实验目的：测定玻璃的折射率。实验原理：用插针法测定玻璃的折射率。选配实验器材，设计实验步骤	自行设计表格，收集实验数据。运用数学图像分析处理实验数据，测得玻璃的折射率	展示不同小组的实验结果，评估实验的各个环节，探讨实验的改进方案。学会测量其他介质或者其他形状的玻璃的折射率的测定方法，并思考常见的实验误差

【教学过程】

教学环节	教师活动	学生活动	设计意图
创设情境 提出问题	光直线照射玻璃砖。 光以一定的角度照射玻璃砖，光线发生了平行迁移。 教师通过实验引发学生思考	观察，思考	实验引入，引发学生思考
猜想和初步论证	教师引导：为什么会出现光线的平行迁移？ 问题：能否利用光的折射定律测定玻璃的折射率？利用桌面上的器材如何进行设计？ 初步论证：利用光的折射定律只要确定了入射光线和折射光线的方向，就可以测定介质的折射率	学生猜想：由于玻璃与空气不是同一种介质，光从空气射向玻璃或者从玻璃射向空气，都会发生折射。只要确定入射光线和折射光线就可以进行测量	猜想，得到测定介质折射率的基本方法
设计方案 进行实验	我们需要通过实验，来测定玻璃的折射率。 1.用插针法测折射率的原理。引导学生分析利用折射定律测定玻璃的折射率的方法。如何利桌面器材确定入射光线和折射光线的方向？	学生通过推理得到插针法确定入射光线和折射光线的方法：用插针法确定入射光线和折射光线时，先要调整视线的方向，使大头针 P_1 的像被大头针 P_2 的像挡住，然后插大头针 P_3，使 P_1、	通过引导，让学生明白需要测量的物理量，这样学生才能更好地设计实验方案，掌握利用遮挡确定光路的方法，并学会迁移

教学环节	教师活动	学生活动	设计意图
设计方案 进行实验	$n = \sin\theta_1 / \sin\theta_2$ 2. 教师引导学生根据这些器材，规划实验步骤	P_2 的像被 P_3 挡住，最后插大头针 P_4，使 P_4 挡住 P_1、P_2 的像和 P_3。 根据 $n = \sin\theta_1 / \sin\theta_2$ 算出玻璃的折射率。 1. 把白纸用图钉固定在木板上。 2. 如图所示，在白纸上画一条直线 aa' 作为界面，过 aa' 上一点 O 作垂直于 aa' 的直线 NN'，作为法线，过 O 点画一条入射光线 AO，使入射角 i 适当大些。 3. 在 AO 线上竖直地插两枚大头针 P_1、P_2，在白纸上放上被测玻璃砖，使玻璃砖的一个面与 aa' 重合。 4. 沿玻璃砖的另一侧面画一条直线 bb'。 5. 在玻璃砖的 bb' 一侧白纸上竖直地立一枚大头针 P_3，调整视线，同时移动 P_3 的位置，使 P_3 恰好能同时挡住 P_1、P_2 的像，把大头针 P_3 竖直插在此时的位置。 6. 同样，在玻璃砖 bb' 一侧再竖直地插一枚大头针 P_4，	

教学环节	教师活动	学生活动	设计意图
设计方案 进行实验		使 P_4 能挡住 P_3 本身，同时挡住 P_1、P_2 的像。 7. 移去玻璃砖，拔去大头针，过 P_3、P_4 作一条直线 BO' 交 bb' 于 O' 点，连接 OO'，OO' 就是入射光线 AO 在玻璃砖内的折射光线，折射角为 r。 8. 用量角器量出入射角 i 和折射角 r 的大小。 9. 改变入射角 i，重复上面的步骤再做三四次。 10. 算出不同入射角时，$n = \sin i / \sin r$ 的值，求出几次实验中 n 的平均值就是玻璃的折射率。或用图像法求折射率：用 $\sin i$ 表示纵坐标，用 $\sin r$ 表示横坐标，则图线的斜率就是玻璃的折射率	
收集证据 分析论证	1. 引导学生设计表格记录数据。展示学生设计的表格。 2. 问题：如何处理数据？还有没有其他方法？ 引导：除了计算法还能不能利用作图的方法处理实验数据？ 教师拓展：利用画圆来处理数据。	设计表格 入射角 θ_1 折射角 θ_2 $\sin\theta_1$ $\sin\theta_2$ $\dfrac{\sin\theta_1}{\sin\theta_2}$ 折射率 $n = \_\_$ 数据处理方法。 1. 计算法。 2. 作图法。	通过数据表格，基本能计算得到折射率，还需引导学生通过图像处理数据，学会作图处理数据的基本方法。

教学环节	教师活动	学生活动	设计意图
收集证据 分析论证	 由于 $\sin\theta_1 = \dfrac{CC'}{CO}$ $\sin\theta_2 = \dfrac{DD'}{DO}$ 而 $CO = DO$ 所以折射率为 $n_1 = \dfrac{\sin\alpha}{\sin\beta} = \dfrac{CC'}{DD'}$		
深层思考 交流合作	1. 教师展示不同小组的实验数据以及实验结果，学生互相交流。 2. 引导学生分析实验注意事项，由学生总结归纳。 3. 引导学生讨论实验误差的来源。 4. 通过本实验能够分析得到测量其他介质折射率的方法，引导学生思考，并利用课余的时间去查阅资料，进行实验	归纳：实验各个环节的注意要点。 1. 用手拿玻璃砖时，手只能接触玻璃砖的毛面或棱，不能触摸光洁的光学面，严禁把玻璃砖当尺子画玻璃砖的另一边 bc。 2. 实验过程中，玻璃砖在纸上的位置不可移动。 3. 玻璃砖要选用宽度较大的，宜在 5cm 以上，若宽度过小，则测量折射角度值的相对误差增大。 4. 入射角 i 应在 $15° \sim 75°$ 范围内取值，若入射角 i 过大，则由大头针 P_1、P_2 射入玻璃中的光线量减少，即反射光增强，折射光减弱，且色散较严重，玻璃砖对面看大头针的虚像将暗淡，模糊并且变粗，不	

教学环节	教师活动	学生活动	设计意图
深层思考交流合作		利于瞄准插大头针 P_3、P_4。若入射角 i 过小，折射角将更小，测量误差更大，因此画入射光线 AO 时要使入射角 i 适中。 5. 上面所说大头针挡住大头针的像是指"沉浸"在玻璃砖里的那一截，不是看超过玻璃砖上方的大头针针头部分，即顺 P_3、P_4 的方向看眼前的直线 P_3、P_4 和玻璃砖后的直线 P_1、P_2 的虚像是否成一直线，若看不出歪斜或侧移光路即可确定。 6. 大头针 P_2、P_3 的位置应靠近玻璃砖，而 P_1 和 P_2、P_3 和 P_4 应尽可能远些，针要垂直于纸面，这样可以使确定的光路准确，减小入射角和折射角的测量误差	

【教学总结】

《测定玻璃的折射率》是一节实验探究课，在学生刚刚学习完折射定律的内容之后对其进行实验探究。结合这节课的教学重点和特点，我们决定采用探究实验的形式完成。学生分析出设计思路，利用刚刚学习的知识对实验进行设计，自己动手操作，在分组实验的过程中论证折射定律，增强学生分工合作的意识和能力。

用插针法测定玻璃的折射率这节实验课整体难度不大，我们可以深度发掘实验数据处理的不同方法，比较不同方法处理数据的优劣，进而培养学生深度分析、处理数据的能力。方法的迁移对于学生对插针法原理的掌握起到了至关重要的作用，课后可以让学生思考半圆形玻璃如何测量其折射率，并写出方案，懂得迁移才算真正掌握。（具体方案如下：在平铺的白纸上垂直纸面插大头针 P_1、P_2，确定入射光线，并让入射光线过圆心 O，在玻璃砖另一侧垂直纸面插大头针 P_3，使 P_3 挡住 P_1、P_2 的像，连接 OP_3，作光路图则折射率 $n = \sin\theta_1 / \sin\theta_2 = AB/CD$。）

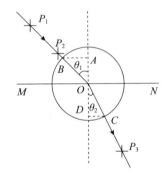

基于核心素养的
物理习题课教学设计

第一节 共点力的平衡及其应用

中山市第一中学 钟 路

【教材】

粤教版必修第一册第三章第六节。

【教学时间】

40 分钟。

【教学对象】

高中一年级学生。

【教学内容分析】

1. 课标要求：能用共点力的平衡条件分析生产生活中的问题。

2. 教材地位和作用：本节是高中物理的核心内容，要求学生在理解平行四边形定则的基础上，结合初中的二力平衡知识，解决更广泛的平衡问题。课程标准对本节的描述：能用共点力的平衡条件分析生产生活中的问题，属于理解运用的要求（最高要求）。第一，本节内容需要学生形成凡事先选择研究对象进行分析的习惯，这也是学生未来能独立分析问题的基础——对复杂问题能够聚焦事件本身，不要牵扯无关。第二，本节内容需要学生形成先进行受力分析，再进行力的运算的思维习惯。第三，这节课也是学生从代数思维向几何思维转换的一节课，思维跨度较大，所以既是重点也是难点。

【教学目标】

1. 物理观念：知道平衡条件是物体受到的合外力为0。

2. 科学思维：经过科学推理，能运用合成法，将三力平衡问题转化为二力平衡问题；运用正交分解法，将三力平衡问题转化为垂直方向的二力平衡问题。

3. 科学探究：通过生活中的实例，探究并理解三力平衡满足的条件。

4. 科学态度与责任：通过列举生活中的平衡情境，激发学生的好奇心，使其体会物理对于改造社会生活所起的作用，体会科学知识的应用价值。

【学习重难点】

1. 重点：理解物体的平衡条件并掌握分析力学问题的一般步骤。
2. 难点：三角函数与物理的结合。

【学生"前概念"分析】

学生在初中学习过二力平衡，并且经过上周的学习，学生已经能体会合力与分力的等效替代关系，本堂课只是将二力平衡扩展到三力平衡，所以可以在学生已有的二力平衡的基础上，引导其建立三力平衡的概念。

学生在此之前的思维都是一种代数思维，本堂课要结合几何知识解决物理问题，故学生在代数思维和几何思维间存在一定的跨度，而且本节内容在解题格式上与以往是完全不同的，故学生解题十分不规范。

【教学流程设计】

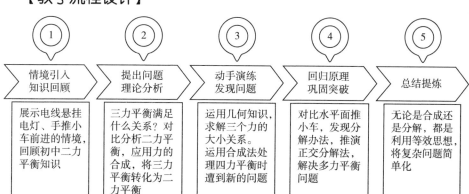

【教学过程】

教学环节	教师活动	学生活动	设计意图
复习引入新课	展示静止的电灯和匀速运动的小车。 总结：静止或匀速直线运动状态是平衡状态。 展示初中课本中的二力平衡： 悬挂的静止的电灯、桌面上静止的书	观看，回忆	唤起学生原有的知识基础、概念
提出新问题：三个力平衡怎么处理？	更多时候，我们遇到的是物体受到很多力作用的平衡，这种情境我们该怎么办？先研究最简单的三个力的情境： 分析小球受到的力及这些力的方向。	发现问题。 运用学习过的重力、弹力的知识分析物体受到几个力，方向如何。	引发新问题，激发学生的求知欲。 因为学生之前没有经过受力分析的训练，故在此训练学生的受力分析，为接下来的平衡打基础。

续 表

教学环节	教师活动	学生活动	设计意图
提出新问题：三个力平衡怎么处理？	引导学生得到正确的受力分析（可以故意问学生有没有对墙壁的压力，对斜面的压力，明确只分析小球受到的力）。 问题：小球受三个力平衡的，能否把它也转化成二力平衡？ 问题：既然已经转化成两个力了，那这两个力有什么关系？ 教师展示合成后的结果： 结论：物体在三力平衡下，任意两个力的合力必定与第三个力等大，反向	答：根据力的等效与替代原则，若将两个力合成一个力，三力就转化为两个力了。 答：这两个力是二力平衡的关系。等大，反向，在一条直线上	在学生原有的二力平衡的基础上构建三力平衡的知识及以后处理此类问题的方向。 展示给学生合成后的结果，让学生能形成"两个力的合力与第三个力等大，反向"的直观印象，并体会其实三个力的关系是平等的，无论合成哪两个结果都应该一致（理论应该满足普遍性要求）
实际操作和应用	如果细绳与墙面夹角为30°，小球质量为200g，$g=10N/kg$。 问题：（1）细绳给小球的拉力是多少牛？ （2）墙壁给小球支持力是多少牛？	思考，分析	如何运用几何知识解决物理问题是学生必须迈过一道坎

续 表

教学环节	教师活动	学生活动	设计意图
实际操作和应用	引导：以第一幅合成图为例，T 与 N 的合力（红色的力）要与 G 等大，即它们的合力为 2N，那在三角形中，直角边为 2N，另外两条边是几牛？	运用几何知识，得出结论：$$\frac{2}{T}=\frac{\sqrt{3}}{2}\Rightarrow$$ $$T=\frac{4\sqrt{3}}{3}N$$ $$\frac{N}{2}=\frac{\sqrt{3}}{3}\Rightarrow$$ $$N=\frac{2\sqrt{3}}{3}N$$	
提出更具挑战性的问题：4个及4个以上的力的平衡如何处理？	问题：4 个力、5 个力的平衡怎么解决 那同学们实际处理一下这个问题：	答：利用合成，将 5 个力转化成 4 个力，转化成 3 个力…… 发现新问题：力一和力二的合力很难和力三、力四的合力在一条直线上，几何关系难以寻找（如图所示）	培养学生举一反三、归纳推理的能力。 理论和实际操作之间存在差距，通过学生的尝试发现这种差距，并引出另一种处理方法——正交分解法
提出新办法：正交分解法的运用	启迪：当遇到复杂问题时，有一种办法是回到最简单的情境，那最简单的四力平衡是怎么样的？四个力满足什么关系？ 对比一下斜面上的四个力平衡和平面上的四个力平衡有什么相似之处？	答：在水平面上推着小车匀速直线运动： $F=f$ $N=G$	物理学家在处理复杂问题时往往都采用理想模型法，从最简单的模型开始研究，再逐步过渡到复杂问题，此问也想让同学们经历这个过程

教学环节	教师活动	学生活动	设计意图
提出新办法：正交分解法的运用	匀速运动的小车 引导：我们还有个工具——力的分解。 展示分解结果，并强调力的分解也是等效和替代，表面上看经过分解力的个数变多了，但是力的方向落到两条直线上了，正是"柳暗花明又一村"。 请同学们写出平衡的方程。 教师示范： $F = f + mg\sin\theta$ $N = mg\cos\theta$	对比二者异同，分析如何转化。 答：如果我们把重力分解成两个力，那么就和水平面的情况很像了。 模仿水平面上的平衡： $F = f + G_x$ $N = G_y$	由学生的经验，引出正交分解法，这样才能让学生的知识具有结构性和延伸性。 在学生已有认知的基础上构建新知识，这样的学习才能被学生内化

续 表

教学环节	教师活动	学生活动	设计意图
总结提高	对比总结： 匀速运动的小车 总结： 1. 无论几个力，通过合成的方法，最终都可以转化成二力平衡。 结论：物体在共点力作用下的平衡条件就是物体受到的合外力为0。 2. 正交分解法的原理也是转化成二力平衡，只是在两条直线上二力合成	在对比中理解：合成法的本质是通过合成，将三力平衡转化为二力平衡；正交分解法的本质是将多力平衡转化为两条直线上的二力平衡	化繁为简：共点力的平衡条件就可合力为零，再复杂的情境都可变为二力平衡，最终实现合力为0

【教学总结】

习题课是物理课堂的重要组成部分，发展学生的核心素养，与习题课之间并不矛盾，只要教师把学生的发展放在第一位，多从思维锻炼的角度去组织、开展习题课，它就不会向应试教育方向畸形发展。

  教材对共点力的平衡的处理是实验探究平衡条件→理论验证，而本设计的中心思想是：在学生已有知识的基础上构建新知识，注重学生的逻辑思维训练。课堂引入部分展示了学生身边最常见的平衡现象（静止的电灯和匀速推动的小车），也是所有平衡现象的"原型"，学生初中已经有这个概念。之后围绕"如果物体在多个力作用下处于平衡状态，那么这些力之间满足什么关系？"这个问题展开，依次讨论 3 个力的平衡问题，4 个力的平衡问题，运用从特殊到一般的演绎法，符合学生的认知规律，也渗透了演绎法这种科学思维。在解决三力平衡，四力平衡问题的时候，都是反复运用等效替代这种物理思想方法，将三力平衡问题转化为二力平衡问题，将四力平衡问题转化为两条直线上的二力平衡问题，最终让学生由内及外地生成对共点力平衡的认知。

第二节　运用动能定理解决多过程问题

中山市桂山中学　张会芬

【教材】

粤教版必修第二册第四章第三节。

【教学时间】

40 分钟。

【教学对象】

高中三年级学生。

【教学内容分析】

1. 课标要求：理解动能和动能定理，能用动能定理解释生产生活中的现象。

2. 教材地位和作用：动能定理是学生定量研究"功是能量转化的量度"的数学表述，它是力学中的重要规律之一，是高中物理三大解题思路之一，它的应用贯穿以后的很多章节，是高中物理的重点内容，是高考的重要考查内容，在高中物理中起着举足轻重的作用。

【教学目标】

1. 物理观念：学会从机械能转化的视角分析物理问题，形成初步的能量观。

2. 科学思维：培养学生分析综合能力、科学推理等科学思维。

3. 科学探究：提出问题后，搭建适当台阶，引导学生自主解决问题。

4. 科学态度与责任：激发学生内驱力，使其逐步形成探索自然的内在动力，形成积极的科学态度。

【学习重难点】

1. 重点：分析物体的受力情况和运动情况，选择合适的研究过程，抓住初末状态运用动能定理解决多过程物理问题。

2. 难点：分析物体的受力和运动，找出最终状态，确定研究过程。

【学生"前概念"分析】

对于单个物体、单一过程的物理问题，学生能熟练地对研究对象进行受力分析，列出动能定理的表达式，基本掌握了应用动能定理解决问题的步骤和方法，但不够了解动能定理的优缺点。求解动力学问题时，学生常常习惯用运动学与牛顿运动定律。

对于多过程物理问题，学生在分析物体的受力和运动、运用数学知识解决物理问题的能力上都较为欠缺，在应用动能定理时不能迁移内化、举一反三。

【教学流程设计】

① 情境引入 知识回顾	② 提出问题 引导解决	③ 情境变式 发现问题	④ 总结提炼
展示单一物体、单一过程的物理情境（直线、抛体、圆周、般曲线），复习动能定理，引出多过程物理问题	如何运用动能定理解决多过程物理问题呢？创设情境，引导学生自主解决多过程物理问题，在一题多解中体会动能定理	物体从开始运动到最终静止或某两点间往复运动经历了多个子过程，对子过程进行研究不易求解，需要对多个子过程分别进行研究	对于多过程往复运动，先分析物体受力和运动，并将研究对象的往复运动过程试运行几次，找出最终运动状态（静止或运动）

【教学过程】

教学环节	教师活动	学生活动	设计意图
展示常见物理情境，复习引入新课	1. 动能定理 合力做的总功等于物体动能的变化。 $$W_合 = \Delta E_k$$ $W_合 = W_1 + W_2 + \cdots + W_n$ $W_合 = F_合 S \cos\theta$ $\dfrac{1}{2}mv_t^2 - \dfrac{1}{2}mv_0^2$ 适用于恒力或变力、直线或曲线。 2. 动能定理的简单应用（单个物体、单一过程） （1）直线运动（水平面、斜面）。 （2）曲线运动（抛体类、一般曲线、圆周）。 思考： 如何运用动能定理解决多个过程的问题呢？	观看，回忆	引发学生在原有知识的基础上，进行深度知识重组
常见的多过程生活情境（两个子过程）	例1：质量为 m 的小球从 H 高处由静止自由落下，不考虑空气阻力，落到地面后深入地面 h 深处停止，求：在落入地面以下的过程中小球受到的平均阻力。	法1：牛顿第二定律 + 运动学。 法2：设小球接触地面时速度为 v，则自由落体阶段： $$mgH = \frac{1}{2} = mv^2 - 0$$ 减速阶段： $$mgh - fh = 0 - \frac{1}{2}mv^2$$ 法3： 全过程： $$mg\,(H+h)\,-fh = 0 - 0$$ 解得 $$f = mg\left(1 + \frac{H}{h}\right)$$	分段应用动能定理时，让学生意识到：多过程问题是由子过程组合而成的，其解决方法与单一过程相同。 全程应用动能定理时，让学生有物理过程的整体观念，也让学生体会不涉及加速度 a 和时间 t 时，全程使用动能定理的便捷性

教学环节	教师活动	学生活动	设计意图
常见的多过程生活情境（若干个简单的子过程）	例2：地面上有一钢板水平放置，它上方 3m 处有一钢球质量 m = 1kg，以初速度 v_0 = 2m/s 竖直向下运动。假定小球运动时受到一个大小不变的空气阻力 f = 2N，小球与钢板相撞时无机械能损失，小球最终停止运动时，它所经历的路程 s 等于多少？（g = 10m/s²）	解：钢球从 v_0 = 2m/s 竖直向下运动到最终停止，由动能定理得 $W_合 = \Delta E_K$ $mgh - fs = 0 - \dfrac{1}{2}mv_0^2$ ∴ s = 16 （m）	全程经历了多个子过程，对子过程进行研究不易求解，对全程应用动能定理，不用管中间细节，只要抓住初末状态即可，十分便捷，让学生体会选择合适研究过程的重要性和必要性
	例3：如图所示，物体自倾角为 θ、长为 L 的斜面顶端由静止开始滑下。已知物体与斜面间的动摩擦因数为 μ，到斜面底端时与固定挡板发生碰撞，设碰撞时无机械能损失。碰后物体又沿斜面上升，在斜面上多次往返，直到最后停止。 （1）物体与挡板碰撞后第一次沿斜面上升的距离是多远？ （2）物体在斜面上总共滑过的路程是多少？	解：（1）小物块从静止开始下滑到沿斜面上滑到最高点的过程：$mg(L\sin\theta - h) - \mu mg\cos\theta\left(L + \dfrac{h}{\sin\theta}\right) = 0 - 0$ $h = \dfrac{L(\sin\theta - \mu\cot\theta)}{1 + \mu\cot\theta}$ （2）整个过程：$mgL\sin\theta - \mu mg\cos\theta \cdot s = 0 - 0$ $s = \dfrac{L\tan\theta}{\mu}$	在变式情境中，让学生深刻体会：不涉及加速度 a 和时间 t 时，对全程应用动能定理可以事半功倍；同时让学生学会选择最优研究过程
多过程物理情境（若干个复杂的子过程）	例4：如图所示，AB 是倾角为 θ 的粗糙直轨道，BCD 是光滑的圆弧轨道，AB 恰好在 B 点与圆弧相切，圆弧的半径为 R，一个质量为 m 的物体（可以看作质点）从直轨道上的 P 点由静止释放，结果		在熟悉的单一过程的基础上进行情境变式，引导学生分析：若干个子过程组合而成的循环往复运

续 表

教学环节	教师活动	学生活动	设计意图
多过程物理情境（若干个复杂的子过程）	它能在两轨道间做往返运动。已知 P 点与圆弧的圆心 O 等高，物体与轨道 AB 间的动摩擦因数为 μ。求： （1）物体在做往返运动的整个过程中在 AB 轨道上通过的总路程。 （2）最终当物体通过圆弧轨道最低点 E 时，对圆弧轨道的压力。 （3）为使物体能顺利到达圆弧轨道的最高点 D，释放点距 B 点的距离 L' 至少多大。 过程分析： 过程 1： 第一次往返： （1）从 P 点释放后，物体滑上圆弧轨道，第一次会滑到与 P 等高的 C 点吗？ （2）若第一次滑上圆弧的最高点为 P'，则从点 P' 再次下滑后，会滑到与 P' 等高处吗？ 过程 2： 第 2 次往返： …… 过程 n： 往返多次后，物体最终的状态是什么？	（1）物体最终在 B 或 B' 点 $v=0$，在 BB' 间往复运动。研究 $P \to$ 最终 B 或 B'： $mg \cdot R\cos\theta$ $\mu mg\cos\theta \cdot l_{总} = 0 - 0$ $\therefore l_{总} = \dfrac{R}{\mu}$ （2）研究最终运动阶段 $B \to E$：$mg \cdot (R - R\cos\theta) = \dfrac{1}{2}mv_E^2 - 0$ 物体最终在 E： $N - mg = m\dfrac{v_E^2}{R}$ 解得 $N = 3mg - 2mg \cdot \cos\theta$ 由牛顿第三定律： $N_压 = N = 3mg - 2mg \cdot \cos\theta$ $N_压$ 方向竖直向下 （3）物体在 D：$mg = \dfrac{mv_0^2}{R}$ 研究 $P' \to D$： $mg \cdot (L' \cdot \sin\theta - R \cdot \cos\theta - R) - \mu \cdot mg\cos\theta \cdot L' = \dfrac{1}{2}mv_0^2 - 0$ $\therefore L' = \dfrac{(3 + 2\cos\theta) R}{2(\sin\theta - \mu\cos\theta)}$	动，物体的终了状态有两种（静止或在某两点间摆动）。 让学生学会如何选择最优研究过程运用动能定理解决问题，从而培养学生的分析综合能力和科学推理等科学思维
多物体多过程物理情境（若干个复杂的子过程）	例 5：如图所示，质量 $M = 2kg$ 的平板小车左端放有质量 $m = 3kg$ 的小铁块（可视为质点），它和小车之间的动摩擦因数 $\mu = 0.5$。开始时，小车和铁块共同以 $v_0 = 3m/s$	解：小车第一次碰墙后以原速率反弹，在铁块的摩擦力作用下向左减速。 因为 $a_m < a_M$，故小车	多过程由若干子过程组合而成，复杂问题往往从简单问题着手研究：先逐个分析

教学环节	教师活动	学生活动	设计意图
多物体多过程物理情境（若干个复杂的子过程）	的速度向右在光滑水平面上运动，车与墙正碰，碰撞时间极短且碰撞中不损失机械能。车身足够长，若铁块不和墙相撞，且始终不能滑离小车。g 取 10m/s^2。求小车和墙第一次碰后直到其最终靠墙静止这段时间内，小车运动的总路程。 过程分析： 过程 1： 第一次碰墙后—第二次碰墙前： （1）小车、铁块受力情况。 （2）小车、铁块运动情况。 谁先减到 0？小车离墙最远距离是多少？ 第 2 次碰墙前瞬间，二者的速度是多少？ 过程 2： 第一次碰墙后—第二次碰墙前： …… 过程 n： 往返多次后，小车最终靠墙静止	先减速为 0。此时，小车离墙最远且最远距离为 s_1，则 $-\mu mgs_1 = 0 - \dfrac{1}{2}Mv_0^2$ $\therefore s_1 = 0.6\text{m}$ 因 $mv_0 > Mv_0$，故小车与铁块达到共同速度 v_1 向右，则 $mv_0 - Mv_0 = (M+m)v_1$ $\therefore v_1 = \dfrac{m-M}{M+m}v_0 = \dfrac{1}{5}v_0$ 第二次离墙最远距离为 s_2，由动能定理得 $-\mu mgs_2 = 0 - \dfrac{1}{2}Mv_1^2$ $\therefore s_2 = \dfrac{1}{25}s_1$ 再次达到共同速度 v_2 向右，则 $mv_1 - Mv_1 = (M+m)v_2$ $\therefore v_2 = \dfrac{m-M}{M+m}v_1 = \dfrac{1}{5}v_1$ $= \dfrac{1}{25}v_0$ 第三次离墙最远距离为 s_3，由动能定理得 $-\mu mgs_3 = 0 - \dfrac{1}{2}Mv_2^2$ $\therefore s_3 = \dfrac{1}{25}s_2 = \left(\dfrac{1}{25}\right)^2 s_1$ 类推，第 n 次离墙最远距离为 s_n $s_n = \left(\dfrac{1}{25}\right)^{n-1} s_1$： 小车运动的总路程： $s = 2(s_1 + s_2 + s_3 + \cdots + s_n) = \dfrac{2s_1}{1 - \dfrac{1}{25}} = 1.25\text{m}$	多过程初期的几个子过程，找出数列的前几项；再利用归纳法找出数列的通项公式；最后整体分析物理过程，应用数列的通项公式或求和公式解决问题。在此过程中，让学生体会如何把复杂问题进行拆分研究，再把复杂问题简单化的方法进行内化迁移，同时提升学生分析综合能力和运用数学知识解决物理问题的能力

续 表

教学环节	教师活动	学生活动	设计意图
总结提炼	动能定理的适用范围： 动能定理 $W_合 = \Delta E_k$ 恒力 变力 直线 曲线 瞬时、单一过程 累积、多个过程	启示： 对于动力学问题，不涉及加速度和时间时，优先考虑动能定理。 运用动能定理解决问题时，不用管中间细节，只需抓住初末状态即可。 多过程问题是若干子过程的组合，首先把子过程拆分出来进行研究，可以使过程清晰化，再选择合适的研究过程运用动能定理解决问题	关于整体观念，让学生在已有认知基础上重新构建内化（研究对象可整体或隔离，研究过程可分段或全程）。 关于复杂问题的处理：都是以简单问题为起点逐步分析，把握好整体和局部的观念，灵活选择研究过程或研究对象

【教学总结】

在学生能熟练运用动能定理解决单一物体、单一过程的物理问题后，为了让学生更加深刻地体会运用动能定理解决问题的优越性，进一步发展学生的科学思维和分析综合能力，提升学生的物理学科素养，特设置运用动能定理解决多过程问题的习题课。

本节课从学生熟悉的单一过程着手，不断变换物理情境，由简单到复杂，逐步深化，以螺旋式上升的趋势呈现问题，再在学生原有知识的基础上搭建合适的台阶，帮助学生运用动能定理解决多过程问题。在解决问题的过程中，让学生进行自身知识体系（整体与局部的观念、功和能的观念、复杂问题简单化的方法）的内化与重建，从而达到内化迁移、举一反三的目的。

第三节　库仑力作用下多个物体的平衡

中山市纪念中学　杨立楠

【教材】

粤教版必修第三册第一章第二节。

【教学时间】

40 分钟。

【教学对象】

高三年级学生。

【教学内容分析】

1. 课标要求：能用整体法和隔离法分析库仑力作用下多个物体的平衡。

2. 教材地位和作用：本节课在平衡问题的基础上，解决库仑力作用下多个物体的平衡问题。涉及的复习内容有两个：一个是库仑定律，一个是整体法和隔离法的应用。通过例题及变式题目，渗透解决处理多个物体平衡的方法。本节课的难点是涉及多个物体的平衡，同时物体的受力也比较复杂。因此，选定研究对象，画好受力分析图是解决问题的重点。

【教学目标】

1. 物理观念：知道平衡条件是物体受到的合外力为 0，熟练掌握并应用库仑定律解决平衡问题，熟练应用整体法和隔离法对物体进行受力分析。

2. 科学思维：选择合适的研究对象，通过平衡方程解决问题。

3. 科学探究：例题讲解过程中，通过几个有梯度的问题，引导学生学会科学的思维方式。

4. 科学态度与责任：分析问题的过程中，培养学生严谨的科学态度。

【学习重难点】

1. 重点：熟练掌握库仑定律，并学会应用整体法和隔离法对物体进行受力分析。

2. 难点：物体的受力分析及平衡方程。

【学生"前概念"分析】

学生头脑中已经有库仑定律的内容及整体法和隔离法，但是在具体题目中应用时，还没有形成整体统一的思想。

【教学流程设计】

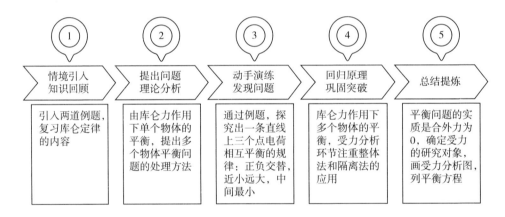

【教学过程】

教学环节	教师活动	学生活动	设计意图
复习引入新课	a电荷受到的其他三个点电荷的静电力的合力大小： a○————○d | | b○————○c	动手画受力分析图。 用正交分解法求合力	唤起学生原有的知识基础，复习库仑定律的内容

教学环节	教师活动	学生活动	设计意图
复习引入新课	总结：选定研究对象，对 a 电荷进行受力分析，求合力		
提出问题：单个物体在库仑力作用下的平衡怎么处理？	先练习一道单个物体在库仑力作用下平衡的问题：根据已知条件求解 B 的质量。 总结：从运动状态出发，抓住平衡的实质——合力为零，画好受力分析图，列方程求解	运用学过的知识，画好受力分析图，通过矢量三角形或正交分解法，列方程求解	让学生知道，涉及库仑力的平衡问题，就是共点力的平衡问题，处理方法相同
如果是三个点电荷在一条直线上通过库仑力相互作用而平衡，平衡时，有什么规律？	点电荷 A，B 锁定，距离为 l，电荷量分别为 +Q，−4Q。现放入一个负点电荷 C，A、B 解除锁定且使 A、B、C 都在静电力作用下平衡（A、B 位置不变）。 思考： 1. 电荷 C 可以放在 A、B 之间吗？ 2. 电荷 C 可以放在 B 的右侧吗？ 3. 一条直线上的三个自由电荷在相互的库仑力作用下保持平衡，正负电荷的放置有规律吗？ 4. 如果放入的点电荷 C 带正电，三个电荷可能平衡吗？ 如果三个电荷平衡，中间电荷的带电量与其他两个相比，有什么规律？ 求负电荷 C 的带电量及其到 A 的距离。 结论：正负交替，近小远大，中间最小	分析过程中，始终抓住一条主线——平衡时合外力为零	通过提前预设的几个问题，帮助学生一步一步解决问题。如果没有梯度，直接让学生得出结论，对于学生来说，难度比较大。在让学生回答问题的过程中，培养学生分析问题的能力

教学环节	教师活动	学生活动	设计意图
多个带电物体的平衡，怎么处理？——变式提升	整个装置处于水平方向的匀强电场中，A、B处于平衡状态，则（ ）。 A. 场强方向水平向右，$q_A > q_B$ B. 场强方向水平向左，$q_A > q_B$ C. 场强方向水平向右，$q_A < q_B$ D. 场强方向水平向左，$q_A < q_B$	学生选定受力对象，进行受力分析。 学会先用整体法后用隔离法分析平衡问题	让学生体会整体受力分析的好处。 强化整体法和隔离法的应用，教会学生先整体后隔离的分析方法
高考真题	（2019·全国卷Ⅰ·15）如图，空间存在一方向水平向右的匀强电场，两个带电小球 P 和 Q 用相同的绝缘细绳悬挂在水平天花板下，两细绳都恰好与天花板垂直，则（ ）。 A. P 和 Q 都带正电荷 B. P 和 Q 都带负电荷 C. P 带正电荷，Q 带负电荷 D. P 带负电荷，Q 带正电荷	学生尝试选定研究对象，进行受力分析，得出结论	通过高考真题，让学生体会整体法和隔离法的应用

教学环节	教师活动	学生活动	设计意图
总结提升	如图所示，光滑绝缘水平直槽上固定着 A、B、C 三个带电小球，A 质量为 m、B 质量为 $2m$、C 质量为 $3m$，间距均为 r，$Q_A = +8q$，$Q_B = +q$，现对 C 球施一水平力 F，同时放开三个小球，欲使三个小球在运动过程中保持间距 r 不变，也就是三个小球的加速度相同，求： （1）球 C 的带电性质和电量。 （2）水平力 F 的大小。 	学生自己独立完成，练习整体法和隔离法的应用	通过此题，对本节课的内容做一个回顾和反馈

【教学总结】

本节课在力学的基础上，复习库仑定律。通过本节课的学习，让学生体会到，在库仑力作用下物体的平衡问题，解决方法仍然是选定研究对象，根据题目要求进行整体法和隔离法的受力分析。在处理平衡问题时，常用的正交分解法、矢量三角形法、多个未知数时求解平衡方程在本节课都会涉及。课堂的引入部分，通过例题带着学生重新复习库仑定律的内容。虽然，库仑定律的内容比较简单，但是作为高三一轮复习阶段，知识点还是要扎扎实实地落实，不遗漏。接下来通过例题从单个物体的平衡、多个物体的平衡过渡高考真题，让学生充分体会整体法和隔离法受力分析的重要性。本节课在讲解三个自由点电荷平衡的例题时，最大的亮点设计是多预设几个有梯度的问题，帮助学生分析问题。在问、答的过程中，可以培养学生良好的分析问题的思维方式。预设问题这个环节，可以帮助学生理清做题的思路，同时有梯度的问题，可以引发学生自主思考，从而得出问题的答案。复习课能调动学生自主学习的意识，让学生参与到课堂教学中来，这样就会避免整节课由教师唱独角戏，避免枯燥乏味。

第四节　带电粒子在磁场中的运动

中山市华侨中学　张　黎

【教材】

粤教版选修 3 – 1 第三章第五节。

【教学时间】

40 分钟。

【教学对象】

高中二年级学生。

【教学内容分析】

1. 课标要求：能用洛伦兹力分析带电粒子在匀强磁场中的圆周运动，了解带电粒子在匀强磁场中的偏转及其应用。

2. 教材地位和作用：本节是高中物理核心内容，是高考考查的重中之重。课程标准对本节的描述：能用洛伦兹力分析带电粒子在匀强磁场中的圆周运动，属于理解运用的要求（最高要求）。本节内容最大的特点是以洛伦兹力和圆周运动为核心，考查学生模型建构能力和推理能力，思维难度大，是教学的重点也是难点。

【教学目标】

1. 物理观念：知道洛伦兹力提供粒子做圆周运动的向心力。

2. 科学思维：经过图形推理，能运用几何关系确定圆心和半径；运用牛顿第二定律和圆周运动基本关系确定半径、时间。

3. 科学探究：通过模型，探究带电粒子在匀强磁场中运动的一般几何规律。

【学习重难点】

1. 重点：理解求解带电粒子在匀强磁场中运动的一般步骤。

2. 难点：物理模型中的几何关系。

【学生"前概念"分析】

在前几节的学习中，学生已经有了洛伦兹力与圆周运动的知识储备，但尚未形成系统的知识体系、规律和方法。本节课将对洛伦兹力和圆周运动知识继续深化，并重点解决几何知识在物理中的应用问题，通过具体问题提升学生的分析能力、推理能力。

【教学流程设计】

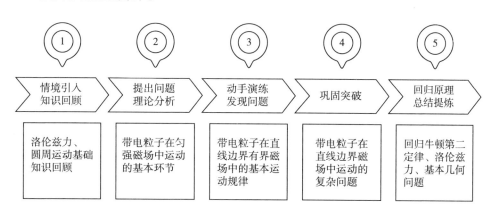

【教学过程】

教学环节	教师活动	学生活动	设计意图
回顾基本知识，引入新课	1. 带电粒子在匀强磁场中的运动 $qvB = m\dfrac{v^2}{r}$	观看，回忆	唤起学生原有的基础知识和基本规律

教学环节	教师活动	学生活动	设计意图
回顾基本知识，引入新课	得轨道半径：$r = \dfrac{mv}{qB}$；周期；$$T = \dfrac{2\pi r}{v} = \dfrac{2\pi m}{qB}$$		
提出问题，理论分析	2. 圆周运动基本问题 （1）圆心的确定： 已知两个速度方向：可找到两条半径，其交点是圆心。 已知入射方向和出射点的位置：通过入射点作入射方向的垂线，连接入射点和出射点，作中垂线，交点是圆心。 （2）定半径：根据几何关系找半径，根据公式求半径。 （3）求时间：周期 $T = \dfrac{2\pi m}{qB}$，则 $t = \dfrac{\theta}{2\pi}T = \dfrac{2\pi m}{qB}$ 或 $t = \dfrac{s}{v}$（s 为弧长）	思考，回答	回顾几何知识，结合洛伦兹力的特点，学会找圆心、定半径和求解时间的基本问题，夯实基础
动手演练，发现规律	3. 直线边界磁场 		

续 表

教学环节	教师活动	学生活动	设计意图
动手演练，发现规律	例1：带电粒子（不计重力）与磁场边界成 θ 进入匀强磁场，且已知 q、v、B，求粒子在磁场运动的时间，出磁场时的速度方向。 变化：若 $\theta = 90^\circ$，轨迹是什么？ 若增大粒子入射速度，结果如何？ 若改变粒子电性，结果如何？	动手作答、画图、讨论	强化基本直线边界磁场问题，并通过一些变化让学生自己体会常见的结论
巩固突破：带电粒子在直线边界磁场中运动的复杂问题	例2：如图所示，若电子的电量 e、质量 m、磁感应强度 B 及宽度 d 已知，要求电子不从右边界穿出，则初速度 v_0 应满足什么条件？若 v_0 向上与边界成 $60°$ 角，则 v_0 应满足什么条件？ 例3：如图所示，一端无限伸长的矩形区域 $abcd$ 内存在着磁感应强度大小为 B，方向垂直纸面向里的匀强磁场。从边 ad 中点 O 射入一速率 v_0，方向与 Od 夹角 $\theta = 30°$ 的正电粒子，粒子质量为 m，重力不计，带电量为 q，已知 $ad = L$。 （1）要使粒子能从 ab 边射出磁场，求 v_0 的取值范围。 （2）取不同 v_0 值，求粒子在磁场中运动时间 t 的范围。 （3）求从 ab 边射出的粒子在磁场中运动时间 t 的范围。	作答 作答	通过直线边界磁场中涉及临界值的问题，熟悉几何问题的处理方法，并通过变式进行强化。从简单情境过渡到较复杂的情境，如时间有限，可以当作课后作业。 为增强学生的直观体验，应制作 PPT 动画、GeoGe-bra 动画，让学生可以直观地体验到速度大小变化、速度方向变化所带来的轨迹变化

续 表

教学环节	教师活动	学生活动	设计意图
回 归 原理，总结提升	回归牛顿第二定律和基本几何关系		通过对前面问题的回顾，引导学生用牛顿运动定律和基本几何关系解决一般性问题

【教学总结】

1. 常规教学应立足基本原理，合理设置问题，提升思维品质

这节内容在高中物理体系中尤为重要，是重点、难点也是高频考点。无论是新课还是习题课、复习课，师生都会在此处花费大量时间、精力。本节的难点在于圆周运动中的几何推理。直线边界磁场是几何推理的最基本问题，教学应立足基本问题，逐级推进，由易到难、由简到繁，在层层推进中加强学生科学思维和推理能力的培养。教学中应讲练结合，基于学生实际情况，科学合理地设置问题，让学生在解决问题的过程中有获得感，助推学生科学思维形成，提高学生思维品质。

2. 化抽象为具体，加强身心体验，促进图形推理、模型建构等科学思维能力的培养

本节内容几何关系比较多，教学中应尽量将图像动态化。教师可以通过 PPT 动画、GeoGebra 等工具将抽象问题具体化、动态化，让学生能切身感受到粒子速度大小、方向的变化所带来的几何关系变化；通过增强视觉体验深化学生对几何关系的理解，促进学生推理能力和模型建构能力的培养。